ELISÃO FISCAL:
REFLEXÕES SOBRE SUA EVOLUÇÃO
JURÍDICO-DOUTRINÁRIA E SITUAÇÃO ACTUAL

ANDERSON FURLAN

Juiz Federal, Titular da Vara Federal de Execuções Fiscais
da Subsecção Judiciária de Maringá (Estado do Paraná, Brasil)
Professor de Direito Tributário da Escola Superior
da Magistratura do Paraná – Coordenadoria de Maringá

ELISÃO FISCAL:
REFLEXÕES SOBRE SUA EVOLUÇÃO JURÍDICO-DOUTRINÁRIA E SITUAÇÃO ACTUAL

ELISÃO FISCAL:
REFLEXÕES SOBRE SUA EVOLUÇÃO JURÍDICO-DOUTRINÁRIA E SITUAÇÃO ACTUAL

AUTOR
ANDERSON FURLAN

EDITOR
EDIÇÕES ALMEDINA, SA
Avenida Fernão de Magalhães, n.º 584, 5.º Andar
3000-174 Coimbra
Tel.: 239 851 904
Fax: 239 851 901
www.almedina.net
editora@almedina.net

PRÉ-IMPRESSÃO • IMPRESSÃO • ACABAMENTO
G.C. – GRÁFICA DE COIMBRA, LDA.
Palheira – Assafarge
3001-453 Coimbra
producao@graficadecoimbra.pt

Outubro, 2007

DEPÓSITO LEGAL
266615/07

Os dados e as opiniões inseridos na presente publicação
são da exclusiva responsabilidade do(s) seu(s) autor(es).

Toda a reprodução desta obra, por fotocópia ou outro qualquer processo,
sem prévia autorização escrita do Editor,
é ilícita e passível de procedimento judicial contra o infractor.

Agradeço ao Egrégio Tribunal Regional Federal da 4.ª Região por ter me proporcionado a oportunidade de cursar o mestrado na Faculdade de Direito de Lisboa, onde pude aprender sobre um novo Direito Tributário, mais efetivo, mais isonómico e muito mais justo que aquele praticado no Brasil.

Ao Professor Doutor J.L. Saldanha Sanches, por ter me apresentado a – e ensinado sobre – esta nova realidade.

À Priscila, por todo o amor, apoio e compreensão quanto às inúmeras horas furtadas de seu convívio.

À Rosália, por tudo.

ALGUNS ESTUDOS DO AUTOR

- *Ativismo Judicial em Matéria Ambiental. In*: Direito Ambiental em Evolução vol. 3, Org. Vladimir Passos de Freitas, Curitiba: Juruá, 2002;

- *A Denúncia Espontânea da Infração no Direito Tribuário Brasileiro. In*: Sanções Administrativas Tributárias, Coord. Hugo de Brito Machado, São Paulo: Dialética, 2004;

- *Sanções Penais Tributárias. In*: Sanções Penais Tributárias, Coord. Hugo de Brito Machado, São Paulo: Dialética, 2005;

- *Certidões Negativas de Débitos e Direitos Fundamentais dos Contribuintes. In*: Certidões Negativas de Débitos e Direitos Fundamentais dos Contribuintes, Coord. Hugo de Brito Machado, São Paulo: Dialética, 2007;

- *A Lei Complementar n.º 123 e a Responsabilidade Tributária*. São Paulo: Dialética, Revista Dialética de Direito Tributário n.º 140, 2007;

- *Globalização Económica e Impostos Aduaneiros. In*: Globalização Económica, Coord. Prof. Pedro Soares Martínez, Coimbra: Almedina, 2007;

- *Obrigações Tributárias Romanas*. Brasília: AJUFE – Associação dos Juízes Federais, Revista Direito Federal, ano 23, número 87, 1.º trimestre/2007;

- *Execução Fiscal de Dívidas Agrárias*. São Paulo: Dialética, Revista Dialética de Direito Processual, n.º 55, 2007;

- *Otimização do Cumprimento de Mandados Judiciais e Atos Conexos*. Revista Eletrônica do Instituto Brasileiro de Administração do Sistema Judiciário – http://www.ibrajus.org.br/revista/artigo.asp?idArtigo=30, em 05.09.2007.

APRESENTAÇÃO

Apresentar um livro e o seu autor não é uma tarefa fácil. Usualmente, como, aliás, agora, é algo desnecessário, pois o conteúdo dos bons livros fala por si mesmo e pela qualidade do autor. Não obstante, foi me feito o honrado convite de prefaciar essa obra escrita pelo amigo e colega Juiz Federal Anderson Furlan.

O autor tem trajetória similar ao do prefaciador. Convivemos na mesma cidade, cursamos a mesma faculdade de Direito e, por coincidência, optamos pela mesma carreira profissional, a magistratura federal. Daí provavelmente, além da relação de amizade, o motivo do convite.

Não há qualquer constrangimento em afirmar que o autor, mesmo ainda jovem para os padrões da carreira escolhida, é um dos mais talentosos juízes federais brasileiros. Alia, no trabalho, seriedade à criatividade. Reúne duas virtudes essenciais à magistratura brasileira, a vontade de mudança, para construção de um país melhor, mais justo, mais igual e mais livre, com a necessária e paciente reflexão, para que o passo seja bem dado, bem calculado, e não seja apenas um arroubo.

Tais qualidades foram levadas à dogmática. O presente livro, embora escrito segundo o autor sem a pretensão de esgotar o tema, contém ambas as virtudes. É uma reflexão séria e aprofundada sobre a evolução da doutrina brasileira sobre a elisão fiscal e especialmente sobre normas antielisivas. Mas ao lado de tal abordagem doutrinária, não deixa o autor de realizar uma escolha entre as diversas possibilidades de tratamento do tema.

O Direito é, em afirmação que já se tornou comum, uma prática argumentativa e na qual se realizam escolhas. Embora essa prática não deixe de ter a sua racionalidade própria e, portanto, possa ser controlada, até certo ponto, racionalmente, muito ainda depende do intérprete. Cabe a ele realizar as escolhas certas e é dele a responsabilidade quando realiza a escolha errada diante das alternativas possíveis.

As normas antielisivas, como o livro demonstra, podem ser interpretadas de diversas maneiras. Para uns, trata-se de um atentado ao princípio da legalidade e uma ameaça à segurança jurídica. Atentariam contra a propriedade e contra a previsibilidade da aplicação do Direito. Para outros, trata-se de um reforço à legalidade e à aplicação da lei. Teriam como efeito maior justiça fiscal, contribuindo para que os encargos tributários sejam melhor distribuídos segundo critérios de capacidade econômica e não segundo a capacidade do contribuinte de burlar o Fisco.

O Brasil é uma democracia relativamente nova. Foi contemplado, como a maioria dos países da América Latina, pela segunda grande onda de democratização do século passado. A força da lei foi, de certa forma, prejudicada durante a vigência do período de ditadura militar. Nele, a lei não representava a vontade democrática, mas a expressão da ditadura. Com a democratização e apesar de todos os vícios conhecidos do processo político democrático, a lei recebeu um novo status, ganhando em dignidade.

Nós, brasileiros, ainda estamos reaprendendo o valor da lei no novo contexto político. Não se trata apenas de aperfeiçoar o processo político democrático, a fim de reduzir os vícios que o corrompem, mas também de elevar o grau de efetividade da lei. Talvez as principais ameaças ao governo das leis e à democracia, nos países latino-americanos, se encontrem na baixa efetividade de vários diplomas legais. Várias das disposições legais caem no esquecimento ou são aplicadas de forma discriminatória entre a população. A alguns, todo o peso da lei. A outros, apenas os favores. O apreço e a confiança da população na lei, assim como no regime democrático, decaem quando a efetividade da lei é incerta, sujeita aos mais diversos caprichos. As leis e as instituições democráticas existem. É preciso fazê-las funcionar. É este o grande desafio.

Nessa perspectiva, normas antielisivas, ao aumentarem a eficácia do sistema tributário, não em um sentido espoliatório, mas buscando uma distribuição dos encargos que seja compatível com os valores do Estado Democrático de Direito, não necessitam ser vistas como uma ameaça à lei. Ao contrário, talvez sejam o seu reforço. Não causa estranheza que, como afirma o autor, vários países de intensa tradição democrática as adotem.

Também nessa perspectiva, o presente livro é um autêntico produto de seu autor. É reflexo do trabalho diuturno de um juiz, que busca construir maior efetividade da lei, sem perder o espírito crítico diante de seus vícios, às vezes constitucionais. No Brasil, o principal problema não é a lei, mas a falta dela.

SERGIO FERNANDO MORO
Juiz Federal no Brasil, em vara especializada no processo e julgamento de crimes financeiros e de lavagem de dinheiro, e Doutor em Direito pela Universidade Federal do Paraná

PREFÁCIO

Quando o Dr. Anderson Furlan veio a si, é provável que tenha querido voltar atrás, mas já o convite para escrever uma nota sobre o trabalho que ora se segue estava feito. Nesta altura falara-nos de "prefácio" e com isso nos debatemos, nos dias que se seguiram ao convite, dada a convicção de quanto um prefácio pode ser ingrato para com o autor, que muito trabalho investiu para desenvolver uma obra original e assim não necessita que uma antecipação (com maior ou menor qualidade) se intrometa entre si e o leitor.

Acresce que a apresentação de uma obra académica – porque é de uma obra académica que se trata – é favorecida pela existência de algum distanciamento entre o intrometido e o autor (é, aliás, nossa convicção que "intromissão" e "distanciamento" são dois conceitos que tanto se referem à esfera afectiva como ao processo de conhecimento) – distanciamento esse que pode advir da distinta etapa numa carreira académica, da tradução de um texto a partir da sua língua original, da dissemelhança mais ou menos radical de um ponto de vista (que se aceita sem concordar), ou, no mais fútil mas prestimoso dos últimos recursos, da diferença entre gerações. Ao intrometido, porém, tal distanciamento para com o autor não se augura descortinável, tendo ambos sido, inclusivamente, colegas de curso de mestrado na Faculdade de Direito da Universidade de Lisboa, do qual resultou o presente trabalho então apresentado enquanto relatório no seminário de Direito Fiscal sob a regência do Prof. Saldanha Sanches.

Quando é crescente ouvirem-se críticas ásperas ao ensino em Portugal, acompanhadas de lamentos em face de supostas maravilhas da docência além-pátria, é com particular agrado que recordamos aquelas aulas onde mestrandos e doutorandos oriundos de todo o mundo lusófono se reuniam numa vetusta sala no primeiro andar da Faculdade. Era, de facto, como se de uma "cultura lusófona" se tratasse... e o estrangeiro (sem nunca o ser verdadeiramente ou disso se ter apercebido) fosse, afinal, o ora intrometido. Foi nesse feliz cruzamento de latitudes e longitudes que conhecemos o Dr. Anderson Furlan, então um dos mais jovens magistrados judiciais dos pretórios brasileiros, mestrando de enorme talento e perseverança e, a partir desse momento, credor da nossa maior admiração.

O leitor (ao qual se promete que, para evitar uma intromissão totalmente perversa, as próximas palavras apenas tocarão o conteúdo da obra) está agora na posição de sugerir que será, enfim, o Oceano Atlântico – num tempo em que as relações entre o distante e o próximo se alteraram com as tecnologias da informação, consumando o movimento iniciado pelas caravelas – o marcador do referido distanciamento entre intrometido e autor. E até poderia ser o caso, conhecendo-se as diferenças a que conduzem, inexoravelmente e em sanidade de espírito, os estudos jurídicos levados a cabo em diferentes continentes, diferenças essas menos inexoráveis – mas mais evidentes – entre a doutrina portuguesa (ou melhor, europeia) e a doutrina brasileira no seio do Direito Tributário e, em destaque, no estudo da elisão fiscal.

Desengane-se o leitor, pois será confrontado, não com a defesa da "legalidade extremada" (nas palavras do autor), mas, ao invés, com um fascinante percurso até às raízes (hoje ainda pouco conhecidas) da minoritária doutrina brasileira que directa, mas sobretudo mediatamente, tem contribuído para uma linha de pensamento no sentido da desconsideração dos factos e actos fiscalmente elisivos. Dizer isto não significa, no entanto, que o autor deixe de expor, com rigor e probidade, os argumentos em defesa da tipicidade tributária, ainda que não os subscreva e que deles se distancie num comedimento não militantemente comprometido. Nesse percurso, o autor não hesita em esmiuçar projectos de códigos tributários, exposições de motivos, audiências públicas de comissões especializadas e discursos de índole política, tudo com o fito de reunir um completo acervo teórico, o qual, interpretado à luz dos elementos históricos e interdisciplinares que o trabalho também contém (que enriquecem o texto técnico e situam a técnica nos contextos político e econó-mico), constitui uma admirável obra sobre o Estado Fiscal no Brasil.

Todavia, disto poderá o leitor aperceber-se com a sua leitura e verificar, ao longo das páginas que se seguem, até aonde o autor nos conduz – exactamente à beira da Constituição Federal Brasileira.

E o que Anderson Furlan promove (e aonde nos leva) a partir do texto constitucional não podemos antecipar, pois isso seria contraditar as considerações inaugurais sobre o que tememos ser a natureza injusta de um "prefácio". E isso não fazemos a ninguém, muito menos a um amigo.

Sintra, 5 de Outubro de 2007

NUNO DE OLIVEIRA GARCIA

INTRODUÇÃO

É cediço que a imposição tributária sempre foi vista com desconfiança e desprezo pela maior parte dos contribuintes em todas as partes do mundo, em todas as épocas.[1]

Não se estranha o motivo pelo qual as normas tributárias eram conhecidas na Idade Média como "leis odiosas",[2] sendo actualmente

---

[1] Especificamente no que toca ao Brasil, cumpre transcrever parte do Manifesto de Dom Pedro, príncipe regente do Brasil, escrito em 06.08.1822 e destinado aos Governos e Nações amigas, publicado por Otávio Tarquínio de Souza em sua obra "O Pensamento Vivo de José Bonifácio", o qual mostra indícios da rejeição social brasileira às leis tributárias: "Se cavavam o seio de seus montes para deles extraírem o ouro, leis absurdas e o quinto vieram logo esmorecê-los em seus trabalhos apenas encetados, ao mesmo tempo que o Estado português, com sôfrega ambição devorava os tesouros que a benigna natureza lhes ofertava; fazia também vergar as desgraçadas minas sob o pelo do mais odioso dos tributos da capitação. Queriam que os brasileiros pagassem até o ar que respiravam e a terra que pisavam. Se a indústria de alguns homens, mais que ativos, tentava dar nova forma aos produtos do seu solo para com eles cobrir a nudez de seus filhos, leis tirânicas os impediam e castigavam estas nobres tentativas. Sempre quiseram os europeus conservar este rico país na mais dura e triste dependência da metrópole, porque julgavam ser-lhes necessário estancar, ou pelo menos empobrecer a fonte perene de suas riquezas. Se a atividade de algum colono oferecia a seus concidadãos, de quando em quando algum novo ramo de riqueza rural, naturalizando vegetais exóticos, úteis e preciosos, impostos onerosos vinham logo dar cabo de tão felizes começos. (...) Tal foi a sorte do Brasil por quase três séculos, tal a mesquinha política que Portugal, sempre acanhado em suas vistas, sempre faminto e tirânico, imaginou para cimentar o seu domínio e manter o seu factício esplendor. (...) E porquanto a ambição de poder e a sede de ouro são sempre insaciáveis, e sem freio, não se esqueceu Portugal de mandar continuamente baxás desapiedados, magistrados corruptos e enxames de agentes fiscais de toda espécie, que, no delírio de suas paixões e avareza, despedaçavam os laços da moral, assim pública, como doméstica, devoravam os mesquinhos restos de suores e fadigas dos habitantes e dilaceravam as entranhas do Brasil, que os sustentava e enriquecia, para que reduzidos à última desesperação seus povos, quais submissos muçulmanos, fossem em romarias à nova Meca comprar, com ricos dons e oferendas, uma vida, em que obscura e lânguida, aos menos mais suportável e folgada." (*apud* ADELMAR FERRREIRA, 1961:75-76)

[2] LUÍS TROTABAS (1945:40).

denominadas "leis incomodativas"[3] ou "normas de rejeição social", as quais – sustentam alguns – são cumpridas apenas em função da existência de sanções pelo descumprimento.[4]

Baseado nas lições de FURIO BOSELLO,[5] lembra MARCO AURÉLIO GRECO um caso narrado por BARTOLO DE SASSOFERRATO, glosador da Idade Média que teria vivido entre 1313 e 1357. Consta que determinada aldeia medieval começou a cobrar um tributo (algo como uma taxa de utilização do solo) de todos os mercadores que iam para seu território (fundamentalmente para a praça e mercado) negociar productos, vez que tais mercadores montavam suas mesas e estendiam seus productos sobre o solo público. Surgiu o dilema de saber se os caçadores de animais, que levavam as peles nos ombros, estavam sujeitos ao pagamento dos tributos, uma vez que não colocavam as peles no chão para negociar, ao contrário dos demais comerciantes. BARTOLO SASSOFERRATO manifestou o entendimento que o tributo era devido pelos caçadores pois, independente da formalidade das peles estarem ou não junto ao chão, eles estavam ali para comercializá-las (finalidade).[6]

Vê-se, pois, que sendo a evasão fiscal considerada "irmã gémea do tributo",[7] não por acaso os contribuintes sempre procuraram, na melhor das hipóteses,[8] variadas interpretações para as normas tributárias de modo a pagar menos, retardar o pagamento ou simplesmente não pagar tributos.

Tamanha rejeição tornou o Direito Tributário absolutamente divorciado de qualquer conteúdo moral, como não sói acontecer em outros ramos do Direito.[9] Todo um arcabouço doutrinário foi, no mais das vezes, construído para auxiliar o contribuinte a fugir dos impostos devidos, facto que levou grandes tributaristas germânicos a falar em

---

[3] A. A. CONTREIRAS DE CARVALHO (1969:191).
[4] IVES GANDRA MARTINS (1998:129).
[5] BOSELLO, Furio. *L'elusione fiscale nell'esperienza europea*. Obra coordenada por Adriano Di Pietro. Milão: Giuffré, 1999, p.1.
[6] MARCO AURÉLIO GRECO (2004:109-110).
[7] ANTÔNIO ROBERTO SAMPAIO DÓRIA (1970:42).
[8] CAMILLE ROSIER (1951:41-43), para fundamentar a ideia de guerra social entre fisco e contribuintes, elenca várias insurreições, rebeliões e motins voltados contra a tributação.
[9] Nas palavras de Gaston Jèze: "Os indivíduos, ameaçados de espoliação, buscam subtrair-se à confiscação disfarçada sob o nome de imposto: não reconhecem nenhum dever moral; moralmente, a insurreição contra a opressão fiscal é legítima nesse caso e a fraude fiscal não é a violação de uma regra moral." [*apud* CAMILLE ROSIER (1951:41)].

Dummensteuer ("imposto dos ignorantes")[10], no sentido de que somente pagam impostos os ignorantes que não conseguem encontrar as fissuras da malha tributária.

Como o fenómeno também se repetiu no Brasil, o presente estudo procura percorrer o caminho trilhado pela doutrina tributária brasileira, em matéria de elisão fiscal, a partir de meados do século XX. Acredita--se que a análise da evolução dos fundamentos doutrinários fornece subsídios valiosos para se entender o panorama actual acerca da elisão fiscal, assim como para desnudar a gênese de algumas concepções doutrinárias que teimam em ser defendidas no Brasil, apesar de esclerosadas e ultrapassadas em boa parte do mundo ocidental desenvolvido.

A marcha doutrinária, objecto deste estudo, foi – de forma inédita – demarcada em 4 fases distintas, levando-se em consideração a situação normativa capaz de influenciar o tratamento doutrinário da matéria. Assim, a primeira fase correspondeu ao período anterior ao surgimento do Código Tributário Nacional (Lei n.º 5.172/66); a segunda fase teve início com o referido Código e se prolongou até o advento da Constituição Federal, em 05.10.1988; a terceira fase da evolução da doutrina compreende o período entre o início da vigência da Constituição e a Lei Complementar n.º 104, a qual, introduzindo um parágrafo único no art. 116 do Código Tributário Nacional, instituiu uma cláusula geral antielisiva; por fim, analisou-se a postura doutrinária encetada durante a vigência da referida cláusula. Buscando retratar o ambiente social vigente ao tempo de cada marco normativo utilizado, foram postas breves notas históricas da situação do país, de modo a proporcionar uma ampliação do campo de visão na análise do contexto jurídico-social.

O estudo do planeamento tributário, como actividade, e da elisão fiscal, como conseqüência resultante de um planeamento tributário ilegítimo[11], mostra-se muito importante, entre outros factores (económicos,

---

[10] Expressão utilizada por GERD WILLI ROTHMANN na apresentação da obra *Elisão e Evasão de Tributos*, de Douglas Yamashita (São Paulo: Lex Editora S.A., 2005).

[11] Saldanha Sanches limita o conceito de planeamento fiscal ilegítimo às hipóteses de fraude fiscal e fraude à lei fiscal, ao invés de inseri-lo no amplo conceito de evasão fiscal. Por fraude fiscal se entende o comportamento do sujeito passivo que, violando um dever de cooperação, é passível de sanção penal ou contraordenacional. Fraude à lei fiscal, "evitação fiscal abusiva" ou "elisão fiscal" (*Steuerumgehung* ou *tax avoidance*) são expressões que correspondem ao comportamento do sujeito passivo que, sem violar frontalmente a norma, contorna-a para atingir propósitos não desejados pelo legislador e opostos aos valores estruturantes do ordenamento. Não se confunde com o planeamento fiscal legítimo (*Steuervermeidung* ou *tax mitigation*). (J. L. SALDANHA SANCHES, 2006:22)

políticos e jurídicos), em função dos efeitos que a diminuição da carga tributária acarreta sobre o sistema da concorrência comercial, permitindo que algumas empresas obtenham de forma incomum a diminuição dos custos de seus produtos e/ou serviços através da questionável redução da carga tributária.[12]

Ademais, trata-se de tema cercado pela complexidade das estruturas contabilísticas e comerciais utilizadas num mundo cada vez mais globalizado, assim como pela complexidade jurídica, por envolver a análise de mais de 30 conceitos jurídicos (v.g.: legalidade, tipicidade, abuso de formas, interpretação, solidariedade social, capacidade contributiva, negócio indirecto, evasão, actos nulos, actos lícitos, norma geral inclusiva, norma geral exclusiva, etc.)[13]

Obviamente não foi possível minudenciar, no âmbito deste estudo, todas as circunstâncias jurídicas ínsitas ao tema. No essencial, o trabalho de pesquisa centrou-se nos principais argumentos jurídicos utilizados para defender as diferentes concepções doutrinárias, criticando-os e assinalando-se, na medida do possível, as fontes de onde os autores brasileiros extraíram seus fundamentos dogmáticos. O aspecto mais importante, todavia, reside no facto de ter se conseguido identificar a autorização constitucional que legitima a desconsideração dos actos e factos praticados para se realizar a elisão fiscal. A partir desta nova leitura da Constituição Federal, tal como propugnada pelo trabalho, desapacem todos os dogmas esclerosados que foram levantados para se perpetuar no Brasil uma concepção da tributação há muito ultrapassada em países com arraigadas tradições na defesa dos cidadãos em geral e dos contribuintes em particular.

---

[12] Não por outro motivo o legislador constituinte introduziu, pela Emenda Constitucional n 42, de 19.12.2003, o seguinte preceito entre os princípios da tributação: "art. 146-A: Lei complementar poderá estabelecer critérios especiais de tributação, com o objetivo de prevenir desequilíbrios da concorrência, sem prejuízo da competência de a União, por lei, estabelecer normas de igual objetivo." [cf. MARCO AURÉLIO GRECO (2004:14)].

[13] MARCO AURÉLIO GRECO (2004:16-17).

CAPÍTULO I

1.ª FASE: O PERÍODO ANTERIOR À LEI N.º 5.172/66

I.1. Contexto histórico-normativo

Nos parâmetros da proposta deste estudo tem-se que a primeira fase da doutrina brasileira sobre elisão fiscal pode ser situada no período compreendido entre a promulgação da Constituição Federal de 1946 e antes da codificação das leis tributárias nacionais, ocorrida com a publicação da Lei n.º 5.172, em 1966. Não há registos relevantes de obras brasileiras sobre o tema anteriores a esse período.

O Brasil atravessava um momento turbulento de sua trajetória institucional naquele segundo quartel do século XX.[14] Em 24.10.1930,

---

[14] Apenas como exemplo, cumpre citar o preâmbulo da Constituição Federal de 1937, redigido nos seguintes termos: "ATENDENDO às legitimas aspirações do povo brasileiro à paz política e social, profundamente perturbada por conhecidos fatores de desordem, resultantes da crescente agravação dos dissídios partidários, que uma notória propaganda demagógica procura desnaturar em luta de classes, e da extremação, de conflitos ideológicos, tendentes, pelo seu desenvolvimento natural, resolver-se em termos de violência, colocando a Nação sob a funesta iminência da guerra civil; ATENDENDO ao estado de apreensão criado no País pela infiltração comunista, que se torna dia a dia mais extensa e mais profunda, exigindo remédios, de caráter radical e permanente; ATENDENDO a que, sob as instituições anteriores, não dispunha, o Estado de meios normais de preservação e de defesa da paz, da segurança e do bem-estar do povo; Sem o apoio das forças armadas e cedendo às inspirações da opinião nacional, umas e outras justificadamente apreensivas diante dos perigos que ameaçam a nossa unidade e da rapidez com que se vem processando a decomposição das nossas instituições civis e políticas; Resolve assegurar à Nação a sua unidade, o respeito à sua honra e à sua independência, e ao povo brasileiro, sob um regime de paz política e social, as condições necessárias à sua segurança, ao seu bem-estar e à sua prosperidade, decretando a seguinte Constituição, que se cumprirá desde hoje em todo o País (...)." Consentâneo com o preâmbulo, o art. 186, das disposições transitórias, instituía em todo o País o estado de emergência.

os generais TASSO FRAGOSO e MENA BARRETO, acompanhados do almirante ISAÍAS DE NORONHA, prenderam WASHINGTON LUÍS, Presidente da República. Ascendeu ao comando supremo da nação o gaúcho GETÚLIO VARGAS. Destinado a exercer o poder provisoriamente, VARGAS governou o país ditatorialmente até 1945. Sob sua regência surgiram as constituições de 1934 e 1937. Em 28.02.45, por intermédio do Acto Adicional n.º 9, VARGAS convocou eleições. Apoiado pelo ditador, o general EURICO GASPAR DUTRA venceu as eleições e foi empossado como Presidente da República. No mês de setembro de 1946 foi promulgada uma nova Constituição, marcando o início de uma nova era democrática – ao menos pelos próximos 18 anos.

A Constituição Federal de 1946, na trilha dos preceitos encartados na Constituição de 1934[15] – e parcialmente subestimados pela de 1937[16] –, não olvidou da manutenção do princípio da legalidade[17-18]

---

[15] CF/1934: Art 17 – É vedado à União, aos Estados, ao Distrito Federal e aos Municípios: (...) VII – cobrar quaisquer tributos sem lei especial que os autorize, ou fazê-lo incidir sobre efeitos já produzidos por atos jurídicos perfeitos;

[16] Veja-se, por exemplo, os seguintes artigos: Art. 13 – O Presidente da República, nos períodos de recesso do Parlamento ou de dissolução da Câmara dos Deputados, poderá, se o exigirem as necessidades do Estado, expedir decretos-leis sobre as matérias de competência legislativa da União, excetuadas as seguintes: (...) d) impostos (...). Art. 20 – É da competência privativa da União: I – decretar impostos: (...). Art. 49 – Compete à Câmara dos Deputados iniciar a discussão e votação de leis de impostos e fixação das forças de terra e mar, bem como todas que importarem aumento de despesa. Art 64. – A iniciativa dos projetos de lei cabe, em princípio, ao Governo. Em todo caso, não serão admitidos como objeto de deliberação projetos ou emendas de iniciativa de qualquer das Câmaras, desde que versem sobre matéria tributária ou que de uns ou de outras resulte aumento de despesa.

[17] Os tributos, compreendidos como ato de consentimento dos cidadãos, devem ser instituídos por intermédio de lei, em obediência à célebre fórmula "no taxation without representation". O princípio deriva do art. XII da Magna Carta inglesa (1215): "no scutage or aid shall be imposed on our kingdom unless by the common counsel of our kingdom". Posteriormente o princípio da legalidade tributária foi incluído no art. 4.º do Bill of Rigths (1689). Foi igualmente consagrado pela Declaração dos Direitos do Homem, concebida na Filadélfia em 1774, bem como pelo art. 14 da Declaração dos Direitos do Homem e do Cidadão, em 1789, na seqüência da Revolução Francesa. Actualmente o princípio encontra-se arraigado em diversas constituições pelo mundo.

[18] Acerca da diferença entre reserva de competência normativa e reserva de lei, ver: CORREIA, José Manuel Sérvulo. *Legalidade e autonomia contratual nos contratos administrativos*. Coimbra: Edições Almedina S.A., 1987, p.286; CARLOS, Américo Fernandes Brás. *Impostos – Teoria Geral*. Coimbra: Edições Almedina S.A., 2006, pp. 81-88; XAVIER, Alberto. *Os Princípios da Legalidade e da Tipicidade da Tributação*. São Paulo: Editora Revista dos Tribunais, 1978, pp. 39-41.

proposto em temos gerais[19] e, de forma discreta, da adoção do princípio da legalidade tributária.[20]

As condutas lícitas tendentes ao pagamento de menor carga tributária eram combatidas pelo Estado por intermédio de comandos legais direccionados às situações específicas,[21] geralmente ficções normativas e presunções jurídicas.[22]

Não existia no ordenamento jurídico brasileiro qualquer norma autorizando expressamente a adoção de interpretação económica pelo aplicador da lei, tampouco cláusula reprimindo o exercício abusivo de direito em matéria tributária ou a fraude à lei fiscal. Isso não quer dizer que tais espécies de normas não existissem em outros países ou não fossem conhecidas no Brasil.[23] A primeira regra legal sobre a interpre-

---

[19] CF/1946: Art. 141, §2.º: Ninguém pode ser obrigado a fazer ou deixar de fazer alguma coisa senão em virtude de lei.

[20] CF/1946: Art. 65 (...); II – Compete ao Congresso Nacional, com a sanção do Presidente da República: (...) votar os tributos próprios da União e regular a arrecadação e a distribuição de suas rendas; Art. 141, §34: Nenhum tributo será exigido ou aumentado sem que a lei o estabeleça; nenhum será cobrado em cada exercício sem prévia autorização orçamentária, ressalvada, porém, a tarifa aduaneira e o imposto lançado por motivo de guerra.

[21] Aliás, em practicamente todos os ordenamentos modernos derivados do Direito Romano-Germânico (v.g.: Holanda, Espanha, França, Itália e Portugal sendo que, no âmbito da Common Law, a jurisprudência tem sido formada no sentido de se combater a elisão em termos gerais, como na Inglaterra e Estados Unidos da América), a evolução normativa tendente à neutralização da elisão fiscal invariavelmente parte das cláusulas sectoriais, legislativamente multiplicadas e diversificadas de forma a acompanharem o engenho dos constribuintes, num autêntico "jogo do gato e do rato" [JOSÉ CASALTA NABAIS (2005:219)], culminando, posteriormente, com edição de cláusulas gerais.

[22] V.g.: Decreto-lei n.º 5.844/43: Art. 27 – As pessoas jurídicas de direito privado domiciliadas no Brasil, que tiverem lucros apurados de acôrdo com êste decreto-lei, são contribuintes do imposto de renda, sejam quais forem os seus fins e nacionalidade. § 1º Ficam equiparadas às pessoas jurídicas, para efeito dêste decreto-lei, os firmas individuais e os que praticarem, habitual e profissionalmente, em seu próprio nome, operações de natureza civil ou comercial com o fim especulativo de lucro. § 2.º As disposições dêste artigo aplicam-se a tôdas as firmas e sociedades, registadas ou não. Art. 40 – O lucro presumido será determinado pela aplicação do coeficiente de 8 % sôbre a receita bruta. § 1.º Constitue receita bruta a soma das operações, realizadas por conta própria e das remunerações recebidas como preço de serviços prestados. § 2.º Incluem-se na receita bruta as receitas totais de transações alheias ao objeto do negócio.

[23] Amílcar Falcão, por exemplo, em obra anterior à codificação do Direito Tributário, cita extensa bibliografia e referências a ordenamentos estrangeiros. Cf.: FALCÃO, Amílcar. Fato Gerador da Obrigação Tributária. São Paulo: Edições Financeiras S.A, 1.ª edição, 1964.

tação da lei tributária segundo o critério económico surgiu no Código Tributário Alemão de 1919 (§§ 4.º e 5.º).[24] No Reino Unido, grandes querelas sobre o planejamento fiscal abusivo foram decididas pelos tribunais no início do século XX (v.g.: *Duke of Westminster v. Inland Revenue Comissioners*, de 1936), existindo cláusula geral escrita relativa ao *Excess Profits Tax* desde 1941.[25] Em 1940, no caso *Higgins v. Smith*, a Suprema Corte Norte-Americana havia decidido que os planos dos contribuintes não podem prevalecer sobre a legislação tributária quanto à determinação do tempo e maneira da imposição.[26] E a Argentina possui cláusula geral antielisiva desde a edição do art. 12 da Lei n.º 11.683, de 1947.

Se o ordenamento brasileiro não comungou das experiências estrangeiras neste particular, a doutrina, com um certo atraso, foi influenciada por elas.

I.2. Primeiras construções doutrinárias

No âmbito da doutrina nacional, a primeira distinção relevante entre as condutas lícitas e ilícitas tendentes a pagar menos, retardar o pagamento ou simplesmente não pagar tributos, coube a RUBENS GOMES DE SOUZA, em 1952. Esse autor realizava a distinção entre "evasão" e "fraude fiscal". Ambas seriam acções ou omissões destinadas a evitar ou retardar o pagamento de um tributo devido. Todavia, a fraude implicaria numa infração à lei, sendo, portanto, punível, ao contrário da evasão fiscal.[27]

Referida nomenclatura não encontrou guarida no vernáculo do restante da doutrina,[28] à qual, de uma maneira geral, antes do advento do

---

[24] Mesmo após o advento do Código Tributário de 1977, em que se suprimiu a alusão expressa à interpretação consoante a realidade econômica (tendo mantido a regra acerca da irrelevância fiscal dos atos simulados e do abuso das formas – §§ 41 e 42), a jurisprudência alemã não modificou sua orientação, por entender que "essa forma de interpretação apenas correspondia à aplicação, no direito tributário, de critérios de interpretação comuns a todo o ordenamento jurídico alemão." Cf.:CÉSAR A. GUIMARÃES PEREIRA (2001:97).

[25] GUSTAVO LOPES COURINHA (2004:27-28).

[26] DINO JARACH (1989:92, nota 86).

[27] RUBENS GOMES DE SOUZA (1954:99-100).

[28] A exceção fica por conta de Alfredo Augusto Becker, que, em obra de 1963, também utilizava a expressão "evasão fiscal" como sinónimo de "evasão legal" ou "elusão", sendo conceitualmente distinta da "fraude fiscal". (1998:136 e ss.)

Código Tributário Nacional (Lei n.º 5.172/66), propugnava pela distinção entre a "evasão fiscal ilícita" e a "evasão fiscal lícita"[29] – ou "evasão legítima"[30] – de tributos. Ao lado da expressão "evasão lícita" ou "evasão legítima", alguns autores ainda, como sinónimo, aludiam à "fuga da incidência",[31] "economia de tributo"[32] ou "economia fiscal".[33]

Como soa intuitivo, por evasão ilícita se caracterizariam as condutas praticadas com violação de dispositivo legal, geralmente tipificadas como crimes ou contravenções penais. Por evasão lícita seriam entendidas todas condutas do contribuinte praticadas sob o amparo da lei e voltadas a pagar menos, retardar o pagamento ou não pagar tributos. Tais condutas ofenderiam as normas tributárias sem, no entanto, serem sancionadas pelo Direito Penal.[34]

---

[29] Expressão usada, por exemplo, por ADELMAR FERREIRA (1961:49).

[30] Valem-se da expressão MIGUEL LINS e CÉLIO LOUREIRO (1960:455). Encontra-se em Aliomar Baleeiro que: "Em princípio, se não viola proibição instituída em lei ou não comete falsidade material ou ideológica, o contribuinte tem livre eleição dos atos jurídicos e instrumentos que, do ponto de vista fiscal, são mais convenientes aos seus interesses." (1958:62). Embora não mencionasse a expressão "evasão legítima", apoiava suas conclusões em texto de Gastón Jèze, com o seguinte teor: "L'evasion légitime de l'impôt tradut par um principe fondamental em matiére fiscale: les contribuables ont le droit d'arranger leurs affaires, leur fortune, leur genre de vie, de maniére à payer les impôts les moins élevés ou à ne payer aucun impôts, pourvu qu'ils ne violent aucune règle légale." (1958:63).

[31] Nas palavras de GILBERTO ULHÔA CANTO (in Temas de Direito Tributário): "a simples fuga à incidência – através da utilização de deduções, abatimentos ou favores legalmente assegurados – mesmo que se evidencie o simples propósito de, mediante a adoção de uma forma lícita, atenuar ônus tributário, essa não pode ser excluída pelo enunciado de uma causa jurídica negocial diversa da que normalmente inspira a operação, tal como definida na lei civil, ou de outra índole peculiar." (apud ADELMAR FERRREIRA, 1961:51)

[32] AMÍLCAR FALCÃO (2002:32).

[33] "Ao lado da *evasão legítima* e usando roupagens quase idênticas, alguns autores apontam, também, a chamada 'economia fiscal' (*l'epargne fiscale*), que Bilac Pinto assim conceitua:'Trata-se do fato de uma pessoa que ainda não sendo contribuinte procura diminuir a quantia que deverá pagar, modificando o nascimento do crédito do imposto. Por exemplo, um pai dá a seus filhos parte do seu patrimônio, a fim de evitar pagar imposto calculado à razão de uma taxa progressiva elevada.' (*Estudos de Direito Constitucional*, pág. 85) A diferença entre as duas figuras é tão sutil, que parece, antes, existir sinonímia. *Evasão legítima* e *economia fiscal* tendem a se confundir. Duma e doutra resulta falta do pagamento do tributo, procurada pelo contribuinte em potencial, sem ofensa à lei tributária." [MIGUEL LINS e CÉLIO LOUREIRO (1960:460-461)].

[34] Mesmo os defensores da "legitimidade" sabiam que as fronteiras que a separavam do antijurídico eram muito tênues, como se percebe do seguinte excerto: "Destarte,

Embora não tenha vingado a nomenclatura proposta por Rubens Gomes de Sousa, a ele se atribui o mérito de sistematizar a distinção entre as condutas lícitas e ilícitas relativas à economia fiscal. Certamente lastreado nas opiniões de Marcel Wurlod e Randolph E. Paul (que em obra de 1937 distinguia entre *tax avoidance* e *tax evasion*, tendo por critério a actividade do contribuinte dirigida a actos futuros ou pretéritos) e, também, em Albert Hensel (1924),[35] o tributarista brasileiro consignou o entendimento de que seria o momento da ocorrência do facto gerador o único elemento apto a distinguir entre a licitude ou ilicitude de condutas tendendes à protelação, pagamento a menor ou não pagamento de tributos. Em suas palavras: "se o contribuinte agiu antes de ocorrer o fato gerador, a obrigação tributária específica ainda não tinha surgido e o direito do fisco ao tributo ainda se encontrava em sua fase abstrata, não concretizada nem individualizada em relação a um fato e a um contribuinte determinado (§20): por conseguinte o fisco nada poderá objetar se um determinado contribuinte consegue, por meios lícitos, evitar a ocorrência do fato gerador, ou fazer com que essa ocorrência se dê na forma, na medida ou ao tempo que lhe sejam mais favoráveis. Ao contrário, se o contribuinte agiu depois da ocorrência do fato gerador, já tendo portanto surgido a obrigação tributária específica, qualquer actividade desenvolvida pelo contribuinte, ainda que por meios lícitos, só poderá visar a modificação ou a ocultação de uma situação jurídica já concretizada a favor do fisco, que poderá então legitimamente objetar contra essa violação do seu direito adquirido, mesmo que a obrigação ainda não esteja individualizada contra o contribuinte pelo lançamento, de vez que êste é meramente declaratório."[36]

O critério temporal relativo ao facto gerador, como forma de demarcar a distinção entre "evasão lícita" e "evasão ilícita", foi utilizado e repetido vezes sem conta por muitas décadas antes de ser questionado pela doutrina mais atenta.

---

sendo legalmente neutra, a evasão legítima pode ser colocada unicamente sob censura moral, diante dos seus aspectos de fuga ao dever de solidariedade, que o bem comum reclama de todos e de cada um, tendo em vista que o atendimento das necessidades públicas depende da arrecadação dos tributos." [Miguel Lins e Célio Loureiro (1960:458)].

[35] Cf.: Cesar A. Guimarães Pereira (2001:60-61).
[36] Rubens Gomes de Souza (1954:99-100).

I.3. Doutrina da interpretação econômica

O descaso social quanto ao financiamento do Estado por meio dos tributos levou muitos doutrinadores a perquirir sobre as causas da obrigação tributária, desde RANELLETTI (1828), passando por GRIZIOTTI (1929), BLUMENSTEIN (1929), EZIO VANONI (1932), A.D. GIANNINI (1937), OTTMAR BÜHLER (1939), DINO JARACH (1943), ASTER ROTONDI (1950), entre outros doutrinadores, como TROTABAS, GASTÓN JÈZE e BONNARD.[37]

O resultado mais visível das dissensões doutrinárias foi o realce da importância conferida ao princípio da capacidade contributiva (ou capacidade económica)[38] como forma de justificar e orientar a tributação.[39] Em conseqüência – e concomitantemente –, reacendeu-se a discussão sobre a legitimidade das condutas tendentes ao não pagamento de tributos, vez que frustrariam o princípio da capacidade contributiva, sonegando recursos essenciais à manutenção do Estado.

A doutrina reconhecia duas maneiras de o contribuinte pagar menos, retardar o pagamento ou simplesmente não pagar tributos, quais sejam, a "evasão lícita" e a "evasão ilícita". Uma vez que a "evasão ilícita" era sancionada pelo Direito Penal, não suscitando grandes questionamentos,[40] as atenções voltaram-se para a análise da denominada "evasão

---

[37] ALIOMAR BALEEIRO (1951:211-254).

[38] A constituição monárquica italiana (Estatuto Albertino) possuía a seguinte fórmula: "todos os súditos do Reino contribuirão indistintamente para os encargos do Estado na proporção dos seus haveres." [Cf. ALIOMAR BALEEIRO (1951:222)].

[39] A afirmação encontra guarida, por exemplo, no seguinte excerto de Antonio Pesenti (um dos discípulos da Escola de Pavia): "Esta escola segue, como é conhecido, uma via lógica de extrema coerência, que procura estar sempre aderente ao fenômeno econômico-financeiro, que vem regulado pela lei. Por isso parte do conceito de 'causa' ligado ao princípio da capacidade contributiva; interpreta as leis segundo as suas relações causais ou funcionais e procede de modo que a norma jurídica seja adequada ao elemento econômico e político (de escolha fiscal) que é o seu real conteúdo." [PESENTI, Antonio. *La relevanza giuridica del contribuinte di fatto*. In Rivista di Diritto Finanziario e Scienza delle Finanze, março de 1956, fasc. I, parte I, p. 60; *apud* ALFREDO AUGUSTO BECKER (1998-105)].

[40] Ressalve-se, entretanto que para uma parte da doutrina os ilícitos fiscais sequer seriam objeto de reprovação social, como se pode perceber pelo seguinte excerto: "(...) a lesão aos interêsses fiscais do Estado é um mal indireto, que não caracteriza absolutamente a anti-sociabilidade do agente. As suas causas poderíamos vislumbrar em misteriosa e inconsciente inclinação que domina o indivíduo no sentido de fugir à contribuição imposta pelo Estado: fenômeno êste que talvez possa ser explicado pela Psicanálise de Freud. CAMILLE ROSIER chega a dizer: 'O dever fiscal está inscrito em muitas Constituições

lícita". A questão se resumia em saber quais os limites da actuação dos contribuintes tendente à economia de tributos e quais os limites de actuação do Fisco nestas hipóteses.

As novas discussões acerca de tão acirrada controvérsia tiveram os argumentos pautados pela hermenêutica jurídica, pois a principal forma de combate teórico à "evasão legítima" ocorreu pela adequação da via interpretativa, principalmente pela adoção e defesa, por parcela autorizada da doutrina brasileira, dos postulados da interpretação mediante a consideração económica do facto gerador da obrigação tributária.[41]

Como se sabe, a doutrina denominada "interpretação económica do direito tributário" consubstancia-se numa reação ao absolutismo da liberdade do contribuinte derivada das idéias advindas dos romanos e reforçadas no Renascimento, bem como à escola exegética francesa, segundo a qual as normas de um contrato devem ser interpretadas contra aquela vontade que o concebe (a lei era vista como um contrato entre os cidadãos e o Estado), e ao arcabouço de moralidade forjado na esteira dos movimentos liberais dos séculos XVIII e XIX.[42]

---

como uma obrigação a que o homem honesto não pode furtar-se; entretanto, a prática demonstra que êsse já se perdeu de vista para a memória dos indivíduos: fraudar o fisco não é enganar ninguém.' E diz mais: 'A consciência fiscal está hoje inexistente ou muda. 'A evasão fiscal é a companheira inseparável das arrecadações fiscais, é manifestação do perpétuo antagonismo entre o fisco e os contribuintes'. LOUIS FORMERY, em sua obra Les Impôts em France, assevera que 'la fraude est la compagne inséparable de l'impôt'. A fuga aos deveres fiscais não estigmatiza ninguém. Não marca com o ferrête da indignidade o cidadão que a pratica. Homens puros e honrados na vida civil ou comercial, incapazes de qualquer deslize, deixam-se muitas vêzes, arrastar pelas ondas incoercíveis da fraude contra o fisco. A reação do Estado não deve, por isso mesmo, ultrapassar as lindes da pena pecuniária e outras sanções que não atinjam, como as do direito penal, a pessoa ou a liberdade do contribuinte, e não importem senão em reparação ou ressarcimento de danos efetivos ou potenciais." [Cf. ADELMAR FERREIRA (1961:34)].

[41] Outros autores pugnavam pela utilização da analogia. Para Bento de Faria: "O dever da contribuição para as necessidades do Estado, embora exija uma norma legal que o faça surgir, entretanto, não repugna a conceituação modernamente sustentada – a analogia, para torná-lo extensivo às posições iguais, que lógica e justamente devem ficar sujeitas aos tributos iguais." De seu turno, Francisco de Souza Matos sustentava que: "Afinal, o que se não pode negar é que, como dissemos, o intérprete e aplicador da lei fiscal deve colocar, sob império da mesma, situações que, embora não se identifiquem com as palavras, com a letra da lei, estão compreendidas no seu espírito. (...) Entretanto, a analogia aplicável no Direito Tributário é a 'por força de compreensão', bem diversa da analogia por extensão, criadora de norma jurídica nova, e incompatível com o princípio da legalidade do tributo, consubstanciado no art. 141, §34, da Constituição Federal." (1950:21-23).

[42] MARCIANO SEABRA DE GODOI (2001:105).

Foi conceitualmente estruturada na Alemanha, no primeiro quartel do século XX, em muito devido ao esforço de ENNO BECKER em concretizar o art. 134 da Constituição de Weimar, o qual pugnava pela tributação em função da capacidade económica.[43] Fundamenta-se na concepção de que os princípios constitucionais da capacidade contributiva e da igualdade tributária impõem que os semelhantes factos signo-presuntivos de riqueza devem ser analogamente tributados, independentemente das artificiosas configurações jurídicas realizadas pelos contribuintes.

Houve um longo caminho até se chegar a essa conclusão, durante o qual parte relevante da doutrina nacional andou de braços dados com o pensamento estrangeiro da época.[44] Primeiramente, doutrina e jurisprudência afastaram as soluções apriorísticas[45] aplicadas ao Direito Tributário, como a vetusta sentença de MODESTINO (*"non puto delinquere eum qui in quaestionibus contra fiscum facile responderit"*),[46] consagrando o *"in dubio contra fiscum"*,[47] e sua vertente contrária, consubstanciada no brocardo *"in dubio pro fiscum"*.[48]

---

[43] Teve como precursores e principais adeptos ENNO BECKER, ALBERT HENSEL e OTTMAR BUHLER (Alemanha), BENVENUTO GRIZIOTTI, EZIO VANONI e DINO JARACH (Itália), ERNST BLUMENSTEIN e MARCEL WURLOD (Suíça). [Cf.:FERNANDO A. ALBINO DE OLIVEIRA (1971:410-411)].

[44] Mais especificamente a doutrina europeia. No que respeita à doutrina da América Latina, impende observar os enunciados propostos em algumas jornadas de estudos tributários. Assim: (i) I Jornadas – Montevidéu (1956): "3.º En la apreciación de los hechos determinantes de la obligación tributaria substantiva, la realidad económica constituye un elemento a tenerse en cuenta, y siendo ex lege dicha obligación no debe ampliarse por vía de integración el camplo de aplicación de la ley."; (ii) II Jornadas – México (1958): "4.º Las teorias de interpretación 'funcional' y de la 'realidad económica' sostenidas por la doctrina, podrán aplicarse, no en forma exclusiva, cuando así corresponda a la naturaleza de leos hechos gravados, pero siempre com sujeción a los princípios jurídicos que deben regir la intepretación.". [CLÁUDIO MARTINS (1969:375 e 377)]

[45] Soluções apriorísticas são aquelas predeterminadas, aptas a serem aplicadas em todos os casos, independentemente das peculiaridades.

[46] A tradução seria: "Entendo que não cometeria qualquer falta quem, em questões duvidosas, respondesse categoricamente contra o fisco". (Cf. AMÍLCAR FALCÃO, 1987:59, nota n.º 7). Informa RUBENS GOMES DE SOUZA (1954:41) que esse princípio, elaborado pelo jurisconsulto romano Modestino, foi introduzido como preceito legal no Digesto de Justiniano, em 553. Não obstante, a regra inversa, favorável ao fisco, dominou a Idade Média entre os séculos XVI e XVIII.

[47] Na terceira edição de sua "Hermenêutica e Aplicação do Direito", de 1940, Carlos Maximiliano traça o panorama da aplicação do brocardo à época: "Aplica-se o brocardo – In dubio contra fiscum – somente às disposições taxativas que decretam impostos, e assim mesmo quanto a regras gerais, não quanto às exceções, que se resolvem,

Partia-se do princípio de que o Direito Tributário não seria um direito excepcional dentro do ordenamento, motivo pelo qual a ele se aplicariam todas as formas de interpretação jurídica, não se justificando as soluções apriorísticas nem apenas a intepretação estrita ou literal, como se alardeava.[49]

A interpretação da lei tributária, como todas as demais, exige a utilização de todos os métodos e processos de raciocínio que conduzam à realização práctica integral das finalidades perseguidas.[50] Para a doutrina de então, a peculiaridade, no caso do Direito Tributário, "está apenas em que certas considerações de ordem política e econômico-financeira devem ser feitas para alcançar – alcançar e não alterar ou corrigir – a determinação da lei, do mesmo modo como se lança mão de noções de medicina legal ou de ciência autuarial e contábil, muitas vezes, para penetrar o sentido, respectivamente, da lei penal ou da legislação sobre seguros."[51]

O problema, quanto à peculiaridade apontada, surgiu nas situações em que a lei tributária fazia remissão a institutos e conceitos de outros ramos do Direito, em especial do Direito Privado.

---

na dúvida, a favor do fisco. Exemplo do último caso: as isenções de impostos previstas na própria lei que os institui (n.º 402). Opostas ao ao *in dubio contra fiscum*, até hoje universalmente vitorioso na jurisprudência, despontam-se objeções no campo da doutrina, fundadas em não ser, hoje, o tributo uma imposição arbitrária e talvez caprichosa de potentado, como outrora; porém a conseqüência do reconhecimento espontâneo de um dever para com a pátria e a sociedade feito pelos próprios contribuintes: estes, representados pelos seus eleitos, decretam ônus para si próprios, consentem no lançamento, apóiam-no de antemão. Tal parecer não granjeou maioria entre os teóricos do Direito; o brocardo prevalece ainda, atenuado, embora, como o *in dubio pro reo* (MATELLINI – Lo Stato e il Codice Civile, vol. I, p. 233 e sgs.; BENVENUTO GRIZIOTTI – Principii di Politica, Diritto e Scienza delle Finanze, 1929, p. 200-206; EZIO VANONI – Natura ed Interpretazione delle Leggi Tributarie, 1932, p. 3-35)." [CARLOS MAXIMILIANO (1999:332-333, nota n.º 400)].

[48] Sobre a superação das soluções apriorísticas pelo Supremo Tribunal Federal, em julgamentos da década de 40 do século XX, consulte-se ALÍPIO SILVEIRA (1968:436-438).

[49] Cf.: AMÍLCAR FALCÃO (1987:56-57). RUBENS GOMES DE SOUZA (1954:43) cita acórdãos de diversos tribunais brasileiros (v.g.: Revista dos Tribunais 174/781; 182/840; Revista Forense 190/148; Supremo Tribunal Federal – Arquivo Judiciário 60/386) contendo decisões no sentido de que as leis tributárias devem receber interpretação literal ou estrita. ALÍPIO SILVEIRA (1968:436), entretanto, transcreve voto vencedor do Ministro Orosimbo Nonato, relativamente a julgamendo do Supremo Tribunal Federal em 1943, onde se percebe que o tribunal, dando adequada interpretação ao vocábulo "residente", constante na legislação do Imposto sobre a Renda, entendeu ser aplicável tanto às pessoas físicas como às pessoas jurídicas.

[50] RUBENS GOMES DE SOUZA (1954:43-44).
[51] AMÍLCAR FALCÃO (1987:61).

A doutrina tradicional pregava a absorção, pelo intérprete, dos institutos e conceitos de outros ramos do Direito, consoante a configuração jurídica originária, sob pena de realizar uma *interpretatio abrogans*.[52]

Contrariamente, parte da doutrina francesa – defendendo a chamada "teoria extrema da autonomia do direito fiscal" – orientava-se no sentido de que o "fisco não está sujeito às regras do direito privado ou às fórmulas da jurisprudência civil. Pode, pelo contrário, mediante uma 'livre pesquisa', estabelecer o lançamento de um impôsto: porque as próprias definições da lei civil não são necessariamente válidas em direito fiscal e é falso pretender que a lei fiscal se refere sempre à lei civil para conhecer a matéria tributável."[53]

Em termos semelhantes, a doutrina germânica propunha uma interpretação funcional, a partir dos seguintes elementos:

(i) consistência económica do facto gerador (*wirtschaftliche Betrachtungsweise*);

(ii) normalidade dos meios jurídicos adoptados para se atingir determinadas finalidades (*Typisierungstheorie*); e

---

[52] Como exemplo da doutrina tradicional, cumpre transcrever excerto de François Geny em que lança mão dos argumentos expostos em 1843 por A. Valette: " 'Que diriam, entretanto', escrevera em 1843 o professor A. Valette, 'se os os inspetores de alfândegas achassem de sustentar que as diversas mercadorias, taxadas ou proibidas à importação, perdem o nome vulgar que elas possuem no idioma e tomam um nome particular, que é seu nome de Alfândega, por exemplo, que a palavra vinho compreende a cerveja e outras bebidas fermentadas; que por tecidos de seda também se entendem os tecidos de algodão; que as palavras carvão de pedra significam também o carvão de madeira, etc..., e tudo mais para a percepção dos direitos de alfândega? Não se gritaria contra a arbitrariedade e o comércio não protestaria contra um tal abuso da lei?...Não é também bastante extravagante que o fisco queria chamar, entre nós, propriedade aquilo que é posse temporária ou direito de arrendamento; doação ou venda o que é transação; abonação ou obrigação principal o que é hipoteca, etc.?' E, anteriormente, o mesmo mestre havia escrito: 'Se se admitir que os têrmos do direito civil, empregados nas leis do registro, por exemplo as palavras venda, troca, sociedade, transação, obrigação, liberação, têm nessas leis, um outro sentido além daquele do direito ordinário, onde se encontrará a fixação dêsse sentido particular, dêsse sentido fiscal? Não é certamente nas próprias leis do registro, porquanto em vão se procuraria uma só definição nova de uma expressão de direito. Dir-se-á que deve ser nas decisões dos magistrados?'."[FRANÇOIS GENY (1950:24-25)]

[53] LUÍS TROTABAS, *in* Rev. de sc. et de lég. fin., 1928, p. 208. [*apud* FRANÇOIS GENY (1950:22)]. Não se pode deixar de referir, igualmente, à doutrina portuguesa. Veja-se, por exemplo, artigo publicado em 1941 pelo advogado lusitano ANTÔNIO JOSÉ BRANDÃO, sob o título "Alguns preconceitos correntes sôbre a interpretação da lei tributária", publicado posteriormente no Brasil com o título "A interpretação das leis fiscais" [A. BRANDÃO (1953:67-83)].

(iii) finalidade ou função do tributo (*teleologische Auslegungsmethode, Interessenjurisprudez* ou *soziologische Auslegungsmethode*).[54]

A doutrina germânica pode ser bem compreendida pelas palavras de WILHELM HARTZ, juiz da Corte Fiscal Federal Alemã: "Para apreciação da situação fática é relevante apreender os fatos geradores no seu conteúdo econômico real, sem considerar a forma casual ou arbitrária que as partes lhe tenham dado. Casos economicamente iguais devem ser tratados igualmente sob o aspecto fiscal. Não é relevante aquilo que está no papel, e que muitas vezes só foi colocado no papel para fins fiscais, mas aquilo que as partes realmente tenham desejado e realizado."[55] Aliás, como bem ponderou VICTOR UKMAR, é muito significativo que "a interpretação económica foi julgada válida em um caso-teste num país como a Alemanha, onde os princípios constitucionais do direito tributário e a proteção do contribuinte constituem um dos mais refinados exemplos de teoria jurídica."[56]

Mesmo sem se reportar aos autores alemães, RUBENS GOMES DE SOUZA elencava os princípios basilares daquela que reputava a "interpretação moderna do direito tributário", quais sejam:

(i) "os atos, fatos, contratos ou negócios previstos na lei tributária como base de tributação devem ser interpretados de acôrdo com seus efeitos econômicos e não de acôrdo com a sua forma jurídica; êste é o princípio básico e dêle decorrem os restantes";

(ii) "os efeitos tributários dos atos, contratos ou negócios são os que decorrem da lei tributária e não podem ser modificados ou alterados pela vontade das partes, ao contrário do que acontece no direito privado, em que as partes, pelo menos em certos

---

[54] AMÍLCAR FALCÃO (1987:65-66).

[55] Cf. "Di Auslegung von Steuergesetzen", Indústria Verlagsbuchhandlung, GmbH-Herne, 1956, p.52: "Fuer die steuerliche Beurteilung von Tatbestaenden kommt es darauf an, die Tatbestaende in ihren wirklichen wirtschaftlichen Gehalt zu erfassen, ohne Ruecksicht auf die zufaellige oder wilkuerliche Form, die ihnen die Beteiligten gegeben haben. Wirtschaftlich gleich gelagerte Faelle muessen steuerliche gleich behandelt werden. Nicht das was auf dem Papier steht, und oft nur fuer Steuerzwecke auf das Papier geschrieben worden ist, kann massgebend sein, sondern das, was die Beteiligten wirklich gewolt und durchgefuehrt haben." [*apud* LIZ COLI CABRAL NOGUEIRA (1974:353-354)].

[56] UKMAR, Victor. *General Report*. Cahiers de droit fiscal international. Deventer: Kluwer Law and Taxation, 1983. [*apud* CÉSAR A. GUIMARÃES PEREIRA (2001:98)]

casos, podem alterar ou modificar os efeitos jurídicos dos atos, contratos ou negócios, mudando-lhes a forma embora sem lhes alterar a substância";

(iii) "por conseguinte, os atos, contratos ou negócios cujos efeitos econômicos sejam idênticos, devem produzir efeitos tributários também idênticos, muito embora as partes lhes tenham atribuído formas jurídicas diferentes".[57]

AMÍLCAR FALCÃO, em obra de 1959, consciente dos excessos da jurisprudência alemã, particularmente da Corte Financeira do Reich (*Reichsfinanzhof*) nos anos seguintes à *Reichsabgabenordung*, denunciados por E. VANONI, apontou haver um desentendimento doutrinário quanto aos critérios fornecidos pela corrente da interpretação econômica do Direito Tributário. Defendia sua aplicação, como "técnica especial" à disposição do intérprete, porque a lei tributária, quando alude a um facto ou circunstância capazes de ensejar o pagamento de tributo, considera tal facto ou circunstância em sua consistência econômica e o "toma como índice de capacidade contributiva". A tradução desse facto ou circunstância em linguagem jurídica se faz em forma léxica, que não deixa de ser uma forma elíptica utilizada *brevitatis* ou *utilitatis causa*.[58] E na interpretação dessa fórmula, junge-se o intérprete ao critério fundamental da hermenêutica tributária que é a capacidade econômica e da conseqüente igualdade que deve reger a tributação.[59] O intérprete não pode pretender corrigir a lei que tenha eventualmente transgredido tais princípios.[60] Deve, entretanto, interpretar a lei de modo a compatibilizar na medida do possível referidos princípios, fazendo actuar plenamente seu comando impositivo. Neste contexto, a vontade do contribuinte pode ser mero pressuposto, mas nunca elemento formador ou integrante da lei.

---

[57] RUBENS GOMES DE SOUZA (1954:44).
[58] AMÍLCAR FALCÃO (1987:66 e 68).
[59] AMÍLCAR FALCÃO (1987:68-69).
[60] Para deixar clara essa posição, em obra posterior o mesmo autor deixou consignado: "Inaceitável se afigura a tese de Eugen Schlegel, quando pretende incluir considerações de justiça (Gerechtigkeit) na interpretação e expressamente fala em correção da lei tributária pelo intérprete: 'A correção que assim se pratica, consiste na aplicação de considerações econômicas no Direito Tributário.' Mais adiante, acrescenta: 'Não se trata propriamente de uma interpretação conforme ao sentido da lei tributária e da aplicação do seu resultado, mas, antes, como já foi dito, de uma sua correção, de uma modificação, consoante um ponto de vista não jurídico, mas econômico'. Cf. op.cit., p. 13." [AMÍLCAR FALCÃO (2002:35, nota 14)].

O que para o direito privado é um acto jurídico, para o direito tributário cuida-se de mero facto gerador do tributo. Assim sendo, para o direito tributário interessa apenas a *intentio facti* (intenção de facto) e não a *intentio juris* (forma jurídica). Havendo equivalência entre ambas, é o instituto recebido pela norma tributária; caso contrário, cumpre ao intérprete fazer incidir a lei tributária atendendo à realidade económica subjacente. Entendimento diverso, como já havia decidido a Suprema Corte Norte-Americana no caso *Higgins v. Smith* (1940), seria permitir que os planos dos contribuintes prevalecessem sobre a legislação.[61] Concluindo no sentido de que a interpretação económica visa resguardar a tributação da fraude à lei, averba: "É manifesto o propósito de adotar uma fórmula anormal para revestir uma intenção empírica de conteúdo econômico indisfarçável. [...] Nesses casos de fraude à lei (*fraus legis*) bem à mostra aparece a consistência econômica do fato gerador, em atenção à qual se desprezam, como acentua Morange, os meios e combinações jurídicas enfim, ainda que lícitas, empregadas com o objetivo de obter um resultado em desacordo com a intenção do legislador." [62]

Extrai-se dos argumentos de AMÍLCAR FALCÃO seu esforço em considerar a interpretação económica apenas "pura e simples interpretação", sem qualquer traço de actividade construtiva ou reelaboração normativa por parte do intérprete. Não se busca "fazer aplicações arbitrárias de princípios científicos, econômicos ou financeiros, para reger hipóteses que não estejam bem caracterizadas e razoavelmente tratadas pelo legislador, ou que este, injustificadamente, não há incluído na tributação."[63] A finalidade da interpretação económica seria declarar a lei, não só em sua letra, mas também em seu espírito, não deixando à imaginação fértil do contribuinte "a faculdade de decidir do modo e do montante pelos quais serão pagos os tributos." [64]

Antevendo-se aos críticos e defensores da legalidade tributária extremada, também conhecida como "estrita legalidade", AMÍLCAR FALCÃO, em obra de 1964, apoiada em vasta e densa bibliografia europeia, principalmente alemã e italiana, procurou conciliar a interpretação económica do direito tributário com o primado da legalidade. Para tanto, deixou claro que a interpretação económica tem lugar apenas diante de casos concretos e específicos, forcejando "inteligência tal que não permita ao

---

[61] AMÍLCAR FALCÃO (1987:70-71).
[62] AMÍLCAR FALCÃO (1987:72).
[63] AMÍLCAR FALCÃO (1987:73).
[64] AMÍLCAR FALCÃO (1987:73).

contribuinte manipular a forma jurídica para, resguardando o resultado económico visado, obter um menor pagamento ou o não pagamento de determinado tributo." Mais do que compatível, a interpretação económica, para o autor, decorre da legalidade. Naquilo que chama de "dever de legalidade", entende que tanto quanto o Estado, também o contribuinte encontra-se vinculado ao esquema legal de tributação, não podendo dele furtar-se apenas por mascarar o facto económico.[65]

Sintetizando todos os argumentos acima expostos, tem-se que:

(i) o facto gerador do tributo não é um acto negocial ou um negócio jurídico, mas um facto económico com relevância jurídica, ou seja um mero facto jurídico;

(ii) ao contrário do que acontece em outros ramos do Direito, esse facto jurídico sempre denunciará a existência de capacidade contributiva do sujeito passivo da obrigação tributária;

(iii) diante de um caso concreto, onde o contribuinte tenha utilizado formas jurídicas atípicas relativamente ao fim prático visado, poderá o intérprete, pela via exegética, fazer a adequação da realidade económica ao caso concreto;

(iv) não se considera fraude à lei, mas economia fiscal, quando o contribuinte disponha de seus negócios de modo a pagar menos tributos, sem qualquer manipulação do facto gerador por intermédio da utilização de formas jurídicas atípicas ou anormais, ainda que permitidas pelo Direito Privado, apenas justificáveis pela intenção de pagar menos tributos;

(v) o Estado não tributa documentos, mas nos casos em que a lei tributária caracteriza rigorosa e formalmente o facto gerador (princípio documental), estarão limitadas as possibilidades exegéticas do intérprete de fazer prevalecer eventuais considerações económicas (princípio negocial);[66]

(vi) em matéria de tributação, Estado e contribuinte, por "dever de legalidade", devem respeitar o esquema legal proposto pelo legislador.

---

[65] AMÍLCAR FALCÃO (2002:17-18).

[66] Estas assertivas foram alongadamente tratadas por AMÍLCAR FALCÃO, em sua obra "Fato Gerador da Obrigação Tributária" (2002:27-39).

I.4. Anteprojeto do Código Tributário Nacional

As primeiras normas destinadas a preservar a tributação lastreada nos factos indicativos da capacidade contributiva surgiram na Alemanha. O Código Tributário Alemão (*Reichsabgabenordnung* – RAO), promulgado em 13.12.1919, trazia as seguintes disposições:

§4.º (§9.º): Na interpretação das leis fiscais deve-se ter em conta a sua finalidade, o seu significado económico e a evolução das circunstâncias.

§5.º (§10.º):

I. A obrigação tributária não pode ser evitada ou diminuída mediante o abuso das formas ou das possibilidades de configuração do direito civil.

II. Existe abuso no sentido do item anterior quando a lei vigente atribui um imposto a determinados fenómenos económicos, factos ou relações em sua configuração jurídica adequada e, para evitar o mesmo, seja eleita inadequadamente uma forma jurídica inusual, ou se realize um negócio jurídico e, conforme as relações estabelecidas e à maneira em que se haja ou se devesse haver procedido, se derive para os interessados um resultado igual, no essencial, ao que se haveria alcançado caso houvesse sido eleita uma configuração jurídica adequada aos fenómenos económicos, os factos ou relações e, ademais, os eventuais inconvenientes jurídicos que se derivem da configuração eleita tenham pouca ou nenhuma importância.

III. Se se produz um abuso no sentido antes precisado as medidas adoptadas não serão relevantes a efeitos fiscais. Os impostos devem ser arrecadados conforme a uma configuração jurídica adequada aos fenómenos económicos, os factos e as relações. Os impostos, pagos em virtude das medidas declaradas ineficazes, serão reembolsados mediante solicitação do interessado, quando a decisão que as declare ineficazes transite em julgado.[67]

A positivação de cláusulas gerais destinadas a impedir a "evasão lícita" foi acompanhada de extensa produção doutrinária favorável na Europa, principalmente na Alemanha e Itália, facto que levou certa doutrina a atribuir o combate à "evasão lícita" à "idéia de direito" decorrente do nazismo e fascismo.[68]

No Brasil, o ambiente se mostrava favorável ao combate à denominada "evasão legítima". Além da incipiente – mas sólida – doutrina

---

[67] ALBERT HENSEL (2005:146 e 227-228).
[68] ALFREDO AUGUSTO BECKER (2004:139-148).

tributária pátria, os tribunais administrativos e judiciais vinham sistematicamente rejeitando as artificiosas manobras dos contribuintes destinadas a pagar menos tributos.

Foi nesse ambiente, cercado pela proliferação de condutas tendentes à deformação de institutos jurídicos privados centenários, que o Anteprojeto do Código Tributário Nacional foi escrito por RUBENS GOMES DE SOUZA, por vontade própria e sem que ninguém houvesse solicitado, e apresentado ao Congresso Nacional pelo Deputado ALIOMAR BALEEIRO no ano de 1953.[69]

O Ministro da Fazenda, OSWALDO ARANHA, na exposição de motivos do projeto de Código Tributário Nacional esclareceu: "Finalmente enfrenta o debatido problema da interpretação da lei tributária, adotando decisivamente a orientação moderna da hermenêutica integrativa e finalística, traduzida na rejeição de quaisquer limitações apriorísticas da função do aplicador da lei. Em decorrência desse critério básico, e da sua vinculação ao conteúdo económico efetivo dos atos ou fatos tributados, traça regras especiais, complementares da norma geral, ou excepcionais em relação a ela, quanto a determinadas situações particulares."[70]

Não obstante RUBENS GOMES DE SOUSA ter defendido (em obra de 1952) o cabimento da interpretação dos actos, factos, contratos ou negócios jurídicos de acordo com os respectivos efeitos económicos e não consoante a forma jurídica adotada,[71] o anteprojeto limitava a utilização da interpretação económica, nos seguintes termos:

> Art. 129. Salvo em se tratando de tributos incidentes sobre atos jurídicos formais e de taxas, a interpretação da legislação tributária, no que se refere à conceituação de um determinado ato, fato ou situação jurídica como configurando, ou não, o fato gerador, e também no que se refere à determinação da alíquota aplicável, terá diretamente em vista os resultados efetivamente decorrentes do aludido ato, fato ou situação jurídica, ainda quando tais resultados não correspondam aos normais, com o objetivo de que a resultados idênticos ou equivalentes correspondam a tratamento tributário igual.

Percebe-se pela leitura da proposta de artigo que as formas jurídicas, quando elencadas na hipótese de incidência como suporte da tributação, ficam ressalvadas da interpretação económica, devendo ser respeitadas. Todavia, o parágrafo único do art. 131 do Anteprojeto do

---

[69] Cf.: ALFREDO AUGUSTO BECKER (2004:60).
[70] Cf. RICARDO LOBO TORRES (2006:146).
[71] RUBENS GOMES DE SOUZA (1954:44).

Código Tributário Nacional proscrevia o abuso na utilização das formas jurídicas:

> Art. 131. (...)
>
> Parágrafo único. A autoridade administrativa ou judiciária competente para aplicar a legislação tributária terá em vista, independentemente da intenção das partes, mas sem prejuízo dos efeitos penais dessa intenção quando seja o caso, que a utilização de conceitos, formas e institutos de direito privado não deverá dar lugar à evasão ou redução de tributo devido com base nos resultados efetivos do estado de fato ou situação jurídica efetivamente ocorrente ou constituída, nos termos do art. 129, quando os conceitos, formas ou institutos de direito privado utilizados pelas partes não correspondam aos legalmente ou usualmente aplicáveis à hipótese de que se tratar.[72]

Destaca FERNANDO ANTÔNIO ALBINO DE OLIVEIRA que no Projeto de Código Tributário Nacional (projeto n.° 4.834, de 1954, resultante da mensagem n.° 373/54) desapareceu a referência ao abuso de formas. Entretanto, ressalva o autor, "a interpretação estritamente teleológica do direito tributário continua prestigiada, exceção feita, como no anteprojeto de 1953, aos actos jurídicos formais, agora expressamente conceituados como sendo os 'formalmente caracterizados na conformidade do direito aplicável segundo a sua natureza própria'",[73] conforme disposto no art. 74:

> Art. 74. A interpretação da legislação tributária visará sua aplicação não só aos atos, fatos ou situações jurídicas nela nominalmente referidos, como também àqueles que produzam ou sejam suscetíveis de produzir resultados equivalentes.
>
> Parágrafo único. O disposto neste artigo não se aplica: (...)
>
> II – Aos impostos cujo fato gerador seja a celebração de negócio, a prática de ato, ou a expedição de instrumentos formalmente caracterizados na conformidade do direito aplicável segundo a sua natureza própria.

---

[72] Nota SAMPAIO DÓRIA que preceito semelhante poderia ser encontrado no Modelo de Código Tributário para América Latina (Programa Conjunto Tributação OEA/BID, editado pela União Panamericana, Washington D.C., 1967): "art. 8.°. Quando las formas jurídicas sean manifestamente inapropriadas a la realidad de los hechos gravados y ello se traduzca en una disminución de la cuantia de las obligaciones, la ley tributaria se aplicará prescindiendo de tales formas." (1970:78) Em outra passagem do texto o autor transcreve uma outra versão para o mesmo artigo, nos seguintes termos: "art. 8.°. Cuando la norma relativa al hecho generador se refiera a situaciones definidas por otras ramas jurídicas, sin remitirse ni apartarse expresamente de ellas, el interprete puede asignarle el significado que más se adapte a la realidad considerada por la ley al crear el tributo." (1970:73)

[73] FERNANDO ANTÔNIO ALBINO DE OLIVEIRA (1971:412-413).

Em que pese a limitação sofrida pelo anteprojeto, remanesciam resquícios da interpretação económica no corpo do projeto sujeito à votação parlamentar.[74] Mas nada seria votado nos 13 anos seguintes, período no qual a rejeição doutrinária contra qualquer consideração económica do facto gerador pelo intérprete, não obstante envergar os mesmos argumentos com novas palavras, sensivelmente esboçou o recrudescimento da discussão em torno da segurança jurídica tributária em sua vertente extremada, a tipicidade fechada.

I.5. Orientação jurisprudencial

Entre o final da década de 40 e o início da década de 50 do século XX, um expediente de "evasão lícita" de tributos se tornou amplamente difundido, inclusive em função de propagandas feitas pelas empresas que ofereciam o "serviço". Tratava-se do caso denominado "abatimento do prêmio do seguro".

A legislação do Imposto sobre a Renda (Decreto n.º 24.239/47) permitia que se abatesse do valor da renda bruta tributável os prêmios de seguro de vida pago às seguradoras. Não demorou em surgirem contratos de seguro dotais, com apólices de curto prazo e com pagamento de "prêmio único", cobertos por empréstimos concedidos pela própria seguradora contratada, na mesma ocasião. Ao final de breve lapso temporal, o contratante pedia a rescisão contratual e o resgate da apólice, compensando o valor do prêmio pago com valor do empréstimo recebido, descontando-se as despesas operacionais e juros eventuais. Como resultado,

---

[74] No mesmo sentido, AMÍLCAR FALCÃO (1987:65-66, nota 14), discorrendo sobre a interpretação funcional, consignou: "o critério foi seguido pelo §4.º da 'Reichsabgabenordnung', pelo §1.º da 'Steueranpassungsgetez', pelo art. 8.º da Lei italiana do Registro e é adotado pelos arts. 74 e 84 do nosso Anteprojeto do Código Tributário Nacional, texto enviado ao Presidente da República, e 129 do texto publicado no Diário Oficial de 25 de agosto de 1953; ainda nessa ordem de idéias, é de considerar-se o critério segundo o qual a consideração económica é feita quando houver propósito de evasão. É a repressão ao abuso de direito em matéria tributária ('Missbrauch von Formen und Gestaltungsmoeglichkeiten des buergerlichen Rechts') ('Abuso das formas e possibilidades de configuração do direito privado'), contemplada pelo §6.º da 'Steueranpassungesgesetz' e pelo art. 86 do nosso precitado Anteprojeto, texto enviado ao Presidente da República, ou art. 131, parágrafo único do texto in Diário Oficial citado, também é o critério seguido pela jurisprudência suiça, como afirma WURLOD, apud BILAC PINTO, op.cit., p.88."

poderia abater do valor de sua renda bruta tributável os valores relativos aos prêmios de seguro de vida pago às seguradoras.

Administrativamente, o 1.º Conselho de Contribuintes, quando do julgamento do Acórdão n.º 42.056, de 24.05.54, manifestou o entendimento de que a operação "não tem nada que se assemelhe a um seguro de vida, na sua exata significação jurídica e social, porque a liquidação do prêmio, feita com o produto do empréstimo contraído no mesmo instante, não constituiu despesa efetiva e real, suportada pelo contribuinte e ainda porque o contrato de seguro sob essa modalidade torna absolutamente inócuo, inexistente, o elemento 'risco' dos contratos dessa natureza. [...] Tendo objetivo ilícito e encerrando declaração de vontade desconforme aos fins éticos do Direito, não pode semelhante modalidade de seguro de vida produzir efeitos contra terceiros, principalmente quando o terceiro visado pelo dano é a Nação."

Analisando o mesmo caso, o Tribunal Federal de Recursos, em 1955, decidiu não caber "a dedução do prêmio de seguro dotal, onde o contrato teve duração efêmera, sendo o prêmio devolvido, onde tudo não passou de uma falácia, de um meio que se utilizou o contribuinte para lesar o Fisco, para pagar menos impôsto do que devia. O *quid* vital da dedução, o fim social da mesma, não pode ser esquecido pelo juiz no exame do caso. O legislador mandou deduzir pressupondo a existência de um verdadeiro contrato de seguro para incentivar o seguro de vida, o seguro dotal, não para propiciar descaminho".

Em um outro recurso, cuja decisão foi publicada no Diário da Justiça de 31.05.1955, o mesmo Tribunal consignou: "Os contratos simulados, em que as partes fingem, com malícia, obrigações que realmente não quiseram contrair para prejudicarem terceiros, ou fraudarem o pagamento de impôsto, sempre foram considerados no Direito Pátrio como simulados e de nenhum valor. Para que haja fraude à lei não é necessário que o ato invista contra a letra da lei; basta que atente contra seu espírito. O art. 20, letra *b*, do Decreto n.º 24.239, de 22 de dezembro de 1947, só admite a dedução da renda bruta do prêmio do seguro de vida que tenha sido pago de fato, à companhia seguradora. Nos casos em que tais prêmios são liquidados sem movimentação de capital, por simples jôgo contábil, não há como abater aquêles prêmios daquela renda."[75]

---

[75] Uma análise detalhada do caso do "abatimento do prêmio de seguro de vida" pode ser encontrado em ADELMAR FERRREIRA (1961:60-62), inclusive com menção às decisões ora transcritas. Também sobre o seguro dotal, ANTÔNIO ROBERTO SAMPAIO DÓRIA menciona votos proferidos por Ministros do Tribunal Federal de Recurso quando do

E a mais alta corte do país, o Supremo Tribunal Federal, quando do julgamento do Recurso em Mandado de Segurança n.º 3.419/DF, em 06.07.1956, decidiu que o caso do "abatimento do prêmio do seguro" configurava autêntica hipótese de fraude à lei fiscal. Nas palavras do Relator Ministro OROSIMBO NONATO: "A possibilidade de fraude à lei fiscal é posta em dúvida por alguns D.D., dado o caráter estrito e inampliável da lei aludida. Mas a lição mais aceita é da possibilidade de fraude à lei fiscal. E exatamente nesse campo é que as fraudes se expandem e se aguçam porque o contribuinte usa de todas as tramas, de todas as traças, de todo o engenho para subterfugir à imposição fiscal. A fraude à lei se caracteriza pelo uso de meios lícitos em si para o logro de fins contrários aos da lei. É, na lição de Vallery, o ato praticado ao fito de subtrair, em determinados casos, a aplicação de normas a ele naturamente aplicáveis. De um modo ou de outro existe a fraude à lei em matéria fiscal e no caso o Egrégio Tribunal Federal de Recursos concluiu pela sua ocorrência, pois que se trata de apólice de seguro resgatada prematuramente."

Mais incisivamente ainda votou o Ministro CUNHA MELO, afirmando categoricamente: "Leis que tais não podem ficar ao sabor dos gramáticos, tem sua compreensão, sua aplicação, sua adaptação confiadas a processo mais apurado e mais sábio, o processo de indução social. Sem ele, sem o ambiente que as lições de sociologia e de economia prodigalizam, textos assim não respiram, não prosperam. Um interêsse coletivo, uma medida de solidariedade social, uma das formas de acudir as múltiplas requestas do bem comum, não pode ser desvirtuada sem consectários pelos que ficam nas craveiras do *jus strictum*, servindo com isso involuntàriamente à ganância, ao egoísmo cúbico de cidadãos – contribuintes – desatentos aos princípios da solidariedade humana. (...) O Juiz, em casos da situação-tipo dos autos, tem que perscrutar o conteúdo econômico das relações jurídicas que lhe sejam submetidas a deslinde, deprezando todo cerimonial, todo formalismo. O que se postula é algo nocivo às instituições, algo desvitalizantes das virtudes nacionais. O bem público não se coaduna com o vindicado neste processo."

---

julgamento do Mandado de Segurança n.º 1997, em 30.04.1953, como o do Ministro Elmano Cruz, para quem: "Se o nosso sistema é esse, se o contribuinte pode, dentro da lei, criar uma situação que o favoreça na fixação do imposto afinal a pagar, evidentemente, se o contribuinte usou desse meio, que é legal, não fez fraude à lei, nem pode ser compelido a pagar imposto que a lei entende maior por ter usado dessa faculdade." [Cf. ANTÓNIO ROBERTO SAMPAIO DÓRIA (1970:91)].

Uma década após esse precedente, o mesmo tribunal, quando do julgamento do Recurso de Mandado de Segurança n.º 16.105-GB (Relator Ministro Luiz Gallotti), em 03.03.1966, reafirmou a força do precedente anterior, esclarecendo que a "fraude à lei muitas vêzes consiste, como assinalam os Mestres, em abrigar-se alguém na literalidade de um texto para fazê-lo produzir efeitos contrários ao seu espírito."[76]

Ainda por essa época o Supremo Tribunal Federal, ao julgar o RE n.º 60.287, consignou importante precedente no sentido da vedação da fraude à lei em matéria tributária. Tratava-se de um caso passado na década de 60, época em que era proibida a importação de veículos, estando autorizada a importação de partes de veículos e peças, para fins de atender a demanda do mercado interno. Determinado contribuinte, valendo-se da autorização legal, importou partes e peças e montou um veículo em território nacional, contornando a proibição de importação de automóveis. Diante dessa hipótese, não tendo havido ofensa directa da proibição, entendeu o Supremo Tribunal Federal ter ocorrido fraude à lei tributária.[77]

Nota-se pelos precedentes do Supremo Tribunal Federal que a jurisprudência pátria, sem perfilhar ostensivamente a doutrina da intepretação económica e criticando a intepretação literal, não hesitava em reconhecer a existência de fraude à lei fiscal nos casos em que o contribuinte, exercendo um direito, frustrava a aplicação da lei impositiva. E mais. A Corte Maior antecipava-se à doutrina nacional ao invocar abertamente a consideração da solidariedade social como vector interpretativo apto a inibir práticas abusivas por parte dos contribuintes.

I.6. Argumentos contrários à interpretação económica

Diante de hipóteses similares ao caso denominado "abatimento do prêmio de seguro", fração da doutrina nacional pendia para as soluções propugnadas por parte da doutrina europeia (principalmente francesa)[78],

---

[76] Revista Trimestral de Jurisprudência, n.º 37, pp.621-622.

[77] Cf. MARCO AURÉLIO GRECO (2004:221).

[78] À guisa de exemplo podem ser mencionados os seguintes autores: (i) GASTON JÈZE: "A evasão legítima do impôsto traduz-se por um princípio fundamental em matéria fiscal: os contribuintes têm o direito de arrumar os seus negócios, sua fortuna, seu modo de vida, de maneira a pagar os impostos menos elevados ou a não pagar impôsto algum, contanto que não violem nenhuma regra legal."; (ii) GEORGE RIPPERT: "'O que se deve

baseadas no brocardo *nullus videtur dolo facere qui suo jure utitur* (não parece fazer com dolo quem usa de seu direito) e orientadas para a defesa da "evasão legítima".[79]

Perante a doutrina nacional, as discussões em torno da interpretação económica ou funcional do direito tributário, como forma de impedir a fraude à lei mediante o abuso das formas jurídicas, centravam-se em duas ordens de argumentos.

Primeiramente, argumentos relacionados ao debate acerca da autonomia e especificidade do Direito Tributário frente ao Direito Privado,

---

chamar de fraude fiscal é a infração a uma disposição imperativa da lei fiscal, mas não a maneira de se subtrair voluntàriamente e por um meio regular à aplicação da lei fiscal. Qualquer pessoa tem a liberdade de transformar a sua fortuna de maneira a ser o menos possível atingida pelos impostos, e os seus atos são plenamente válidos ainda mesmo quando apenas ditados pelo desejo de pagar o impôsto mais reduzido. Não há fraude à lei quando se vende um terreno separadamente das árvores dêsse terreno para pagar separadamente o direito de transmissão sôbre uma venda de móveis e uma venda de imóvel. Defraudar a lei não é afastar a sua aplicação por um meio legal."; (iii) DALLOZ: '"quando as partes só se utilizarem de um direito que a lei lhes faculta, tomando, para atingir os seus objetivos, o caminho menos oneroso, muito embora menos vantajoso para o Tesouro, a regra geral conserva seu império(...).''; (iv) M. E. PILON: "os contribuintes têm direito de recorrer ao processo que lhes aprouver, a fim de serem taxados o menos possível – desde que tal processo não seja proibido por lei, mesmo quando isso faça agravo ao Tesouro.";(v) LESCOEUR: "temos o direito de fazer tudo aquilo que a lei não nos proíbe; ora, nenhuma lei nos proíbe: (...) de preferir títulos ao portador aos títulos nominativos; (...) de se desfazer dos rendimentos próprios em benefício de seus herdeiros, de os colocar em posse antecipada mediante doações de fato ... Perguntamos onde estão os textos e os princípios que condenam êsses modos de agir e não os encontramos (...).". Estas e outras transcrições econtram-se em CAMILLE ROSIER (1951:48-49) e ADELMAR FERREIRA (1961:49-51). As referências às palavras de Gaston Jèze podem ser encontradas em practicamente todos os doutrinadores brasileiros da época.

[79] Para MAURICE DUVERGER: "Na realidade, a noção de evasão é mais ampla que aquela de fraude: a fraude nada mais é do que um caso particular de evasão. Alguém pode escapar ao imposto com violação à lei: é fraude. Mas alguém pode escapar também se apoiando sobre as leis: há uma evasão legal, que não é a menos importante. A evasão não fraudulenta não constitui um delito. O 'escape' fiscal não merece pena alguma, nem alguma responsabilidade de qualquer sorte. Ele está em paz com sua consciência: pois que são as leis mesmas que lhe permite escapar do imposto." No original: "En réalité, la notion d'évasion est plus large que celle de fraude: la fraude n'est qu'un cas particulier de l'évasion. On peut échapper à l'impôt en violant les lois: c'est la fraude. Mais on peut y échapper aussi en s'appuyant sur les lois: il y a une évasion légale, qui n'est pas la moins importante. L'évasion non frauduleuse ne constitue pas un délit. L' 'evade' fiscal n'encourt aucune peine, ne aucune responsabilité d'aucune sorte. Il est en paix avec les lois comme avec sa conscience: puisque ce sont les lois elles-mêmes que lui permettent d'échapper à l'impôt." [*apud* ALCEBÍADES DA SILVA MINHOTO JÚNIOR (1977:48)].

esgrimindo-se autores contra ou a favor da prevalência dos institutos e formas deste perante àquele ou, ainda, quanto à existência de peculiaridades na interpretação da norma tributária.

Outra ordem de argumentos, passando ao largo de eventual autonomia ou especificidade do Direito Tributário, dizia respeito directamente à possibilidade ou impossibilidade de determinados actos ou factos serem considerados contrários ao Direito, em que pese eventual licitude das formas utilizadas. Ou seja: não pode ser alcançado pela imposição quem dela se evade agindo conforme a lei.[80]

A linha mestra dos argumentos, entretanto, fundava-se na defesa vigorosa da liberdade de actuação dos contribuintes, desde que sem a infringência de preceito legal. Existiria uma "fraude permitida"[81] quando o contribuinte apenas desvirtua o texto em vez de violá-lo; quando habilmente lança mão de operações anormais, deturpando institutos jurídicos não visados pela legislação tributária, para vaguear incólume entre "brechas" na malha tributária. Tudo sob as luzes complacentes do secular raciocíno jurídico no sentido de que "os contribuintes que encontram vários meios legais para chegar ao mesmo resultado, têm a faculdade de escolher aquêle que dê margem aos pagamentos menos elevados."[82]

---

[80] V.g.: "Nem tôda evasão de tributos constitui fraude fiscal: casos há em que o desvio de rendas tributárias resulta de atos reais e legítimos que o contribuinte pratica em perfeita consonância com as leis do país, ainda que a sua intenção seja a de reduzir ou anular o ônus tributário. A esta modalidade se dá, geralmente, o nome de 'fraude legal'. Melhor se diria 'fuga à incidência tributária por meios legais'." [ADELMAR FERREIRA (1961:49-51)]. Perfilhando entendimento semelhante, apregoava Aliomar Baleeiro: "Os comerciantes pódem organizar sua firma sob a forma de Sociedade Anônima com ações ao portador, inspirados única e exclusivamente no própósito de reduzir a quase metade o impôsto de renda da pessoa física que atingiria 50%. Milhares fazem isso no Brasil e o fato é perfeitamente conhecido, pezado e verberado em atos oficiais, como o Relatório do Ministro da Fazenda Guilherme Silveira (Exercício 1951, pg.53) ou justificações de projetos na Câmara dos Deputados (p.ex., os proj. ns. 364-B/1951 do Dep. Faraco e 42--B/1951 do dep. Lucio Bittencourt). [...] Pódem eles reter dividendos, não os distribuindo, com o fito de evitar, ou pelo menos adiar, indefinidamente, o pagamento do impôsto de pessoa física. O fato é proclamado pelo próprio Presidente da República, na Mensagem do Orçamento para 1952, com o comentário de que constitue 'tendencia elogiável', 'embora menos rendosa para os cofres públicos' (Mensagem presidencial no Suplemento do Diário do Congresso n.º 86, de 17-5-1951, pg. XIII). [...] Nesses e n'outros casos, poder-se-á defender uma reforma 'de jure constituendo', mas não é lícito ao Fisco desconhecer o direito positivo e exigir tributo, que a lei não autorizou." [ALIOMAR BALEEIRO (1958:64)].

[81] A expressão é de CAMILLE ROSIER (1951:47-48).

[82] CAMILLE ROSIER (1951:47-48).

Estes eram os argumentos pelos quais se pautavam alguns autores nacionais.[83] Entretanto, em 1963, surgiu doutrinariamente a reacção mais contundente à interpretação económica ou funcional do Direito Tributário, pela pena de ALFREDO AUGUSTO BECKER. Além de trazer novos argumentos ao debate, sua importância reside no facto de ter sido o autor dessa primeira fase que, com rica pesquisa bibliográfica e sistematicidade na exposição, mais dedicou páginas ao estudo do tema, freqüentemente valendo-se de liguagem invulgar. Como prenúncio da segunda fase da doutrina nacional sobre o assunto – em que a intepretação económica ou funcional seria relegada ao ostracismo –, qualificou-a como sendo o "maior equívoco do Direito Tributário" por destruir a certeza e praticabilidade deste ramo do Direito, invertendo a fenomenologia jurídica e negando utilidade precisamente àquilo que é jurídico.[84]

Resumidamente, partia o autor das premissas de ser a função do direito positivo "conferir certeza à incerteza das relações sociais"[85] e de que a fenomenologia do "facto gerador" é comum a todo o Direito,[86] o qual deve ser visto a e analisado como uno e indivisível (cânone hermenêutico da totalidade do sistema jurídico).[87] Continuava afirmando que regra jurídica positiva, em matéria tributária, estabelece uma presunção jurídica da capacidade contributiva, incidindo e devendo ser interpretada como qualquer outra norma jurídica, sendo dotada de praticabilidade e conferindo certeza nas relações entre Estado e indivíduo.[88] A praticabi-

---

[83] V.g.: FRANCISCO CAVALCANTE PONTES DE MIRANDA [(1950) *apud* FERNANDO A. ALBINO DE OLIVEIRA (1971:411)], ALIOMAR BALEEIRO (1958:62-63); MIGUEL LINS e CÉLIO LOUREIRO (1960:460-461); ADELMAR FERREIRA (1961:49-51). Curiosamente, MIGUEL LINS e CÉLIO LOUREIRO (1960:286) também defendem a interpretação económica dos factos geradores, afirmando, em outra passagem da obra, que: "a evasão e fraude são dificultadas, senão prevenidas, e verificando-se a última, apesar de tudo, haverá sempre meios de puni-la e reparar os danos ao erário. O particular jamais poderá, por exemplo, disfarçar uma venda de imóvel, sob a capa de simples locação ou de cessão de promessa de venda, para burlar o imposto de transmissão." Ainda sobre o compromisso de compra e venda, citam, em nota de pé de página, transcrição de sentença do juiz Aguiar Dias, encontrada em obra de BARBOSA LIMA SOBRINHO ("As Transformações da Compra e Venda"), com os seguintes dizeres: "Tem o compromisso de compra e venda juba, unhas, garras de leão. Para os contratantes, assim como para terceiros (por efeito da inscrição), é realmente um leão; diante do fisco, porém, dissimula-se, torna-se humilde, metendo-se numa pele de carneiro, a ver se não reparam na juba e nas garras do leão...". (1960:287).
[84] ALFREDO AUGUSTO BECKER (1998:131).
[85] ALFREDO AUGUSTO BECKER (1998:76).
[86] ALFREDO AUGUSTO BECKER (1998:95).
[87] ALFREDO AUGUSTO BECKER (1998:115).
[88] ALFREDO AUGUSTO BECKER (1998:76-77).

lidade e certeza exigem que a norma jurídica deforme e transfigure os dados da realidade.[89] Via de regra o legislador despreza o dado económico e, em substituição, toma um facto jurídico presuntivo daquele facto económico, construindo a estrutura lógica da regra jurídica, a qual incidirá apenas com a realização do facto jurídico previsto e não quando houver simplesmente o facto económico.[90] Esta decisão do legislador é a conclusão de um juízo emitido levando em conta critério de oportunidade de política fiscal e, também, critério de certeza e praticabilidade do direito.[91] Desconsiderando o intéprete essa conclusão legislativa, priva o sistema jurídico de sua juridicidade.[92] Nem eventual invocação de "princípio de justiça" autorizaria tal conduta pelo intérprete, vez que a validade da regra, sua juridicidade, independe de juízos valorativos emanados do intérprete.[93] Quando se entende que o facto possa subjugar o jurídico, esquecendo-se que o jurídico existe para dominar o facto, inverte-se e subverte-se a fenomenologia jurídica.[94] O quadro fenomenológico não se altera quando o legislador utiliza na hipótese de incidência um facto jurídico (v.g. contrato de compra e venda), pois este não perde sua juridicidade, entrando na composição da regra com sua natureza específica.[95]

---

[89] ALFREDO AUGUSTO BECKER (1998:79).
[90] ALFREDO AUGUSTO BECKER (1998:80-81).
[91] Em passagem mais adiante, Becker transcreve as seguintes palavras de Calamandrei em apoios ao seus argumentos: "Este é, segundo me parece, o sintoma mais significativo da crise atual: o desaparecimento da diferença que deve existir (a fim de que qualquer transformação social possa consolidar-se em direito), entre o momento político e o momento jurídico, e a progressiva submersão do segundo no primeiro, considerada, não mais como um fenômeno patológico e transitório, mas como instauração de uma estável ordem nova. Nesta desatinada e irracional confusão entre o problema político do conteúdo e o problema jurídico de forma, a função social do direito, que é antes de tudo nivelamento e pacificação, se obscurece: abolida a forma da legalidade, que significa tranquilizadora consciência preventiva dos limites individuais impostos a todos e a cada um, a justiça do caso singular se reduz a ser inquietude e incerteza, temor de arbítrio, sede de privilégios, risco perpétuo e perpétua escravidão. O sistema do 'direito livre', na realidade, não merece esta denominação senão por ironia: porque ele é a negação simultânea de todo o direito e de toda a liberdade." [CALAMANDREI, Pietro. *La certezza del diritto e la responsabilità della dottrina. In* Rivista di Diritto Commerciale, 1942, I, *apud* A. D. GIANNINI, *I Concetti Fondamentali del Diritto Tributario,* Torino, 1956, p. 14, nota 1; *apud* ALFREDO AUGUSTO BECKER (1998:101-102)].
[92] ALFREDO AUGUSTO BECKER (1998:82).
[93] ALFREDO AUGUSTO BECKER (1998:88-89).
[94] ALFREDO AUGUSTO BECKER (1998:92).
[95] ALFREDO AUGUSTO BECKER (1998:95).

Qualquer que seja a lei que tenha enunciado um facto jurídico, deve valer para todo o direito, salvo se o próprio legislador o modificou.[96]

Precisamente quanto à "evasão lícita", soma-se aos demais autores antes citados quando sustenta que deve ser considerada válida e eficaz por não ter violado qualquer regra jurídica. Com fundamento em PLANIOL e DABIN, rejeita a aplicação da teoria do abuso de direito porque um mesmo acto não pode ser concomitantemente conforme o direito e contrário ao direito. Para ser aplicada em Direito Tributário, deve vir expressamente consagrada pelo legislador, sendo que quando a norma veicula a palavra "abuso", em verdade está estabelecendo a ilicitude de determinados actos.[97] Não salvaria a teoria a utilização de alguns critérios tendentes a discernir entre a ilicitude e o abuso de direito, como os critérios do prejuízo, falta no exercício do direito, finalidade dos direitos ou utilização imoral dos mesmos.[98]

Todos argumentos contrários a qualquer consideração económica do facto gerador foram sistematicamente analisados, refletidos e repetidos com mais veemência por autores posteriores. Ressalve-se, entretanto, que, com raras excepções,[99] não foram trazidas para a arena dos debates – pelo menos não de forma relevante – indagações mais elaboradas sobre a legalidade tributária, mais precisamente no que diz respeito à demarcação conceitual rigorosa das condutas legalmente tipificadas como sinónimo de segurança jurídica contra a actuação estatal. Para o bem ou para o mal, esta nova forma de entender a tributação disseminou-se pela doutrina e jurisprudência brasileira e prevaleceu absoluta após o advento do Código Tributário Nacional – Lei n.º 5.172/66 – cuja entrada em vigor, nos limites deste trabalho, marca o início da segunda fase da doutrina brasileira sobre elisão fiscal.

---

[96] ALFREDO AUGUSTO BECKER (1998:123).
[97] ALFREDO AUGUSTO BECKER (1998:141-142).
[98] ALFREDO AUGUSTO BECKER (1998:142-152).
[99] V.g. BILAC PINTO (1950:363-367). RUY BARBOSA NOGUEIRA (1964), também sobre o tema, averbava: "Logo, não basta para atender ao princípio de legalidade que apenas tecnicamente exista a lei mas que a tributação seja efetivada em conformidade com o fato gerador tal como descrito na lei material, sem o que não estará sendo cumprida a vontade da lei, ou melhor, a autoridade administrativa estará se substituindo à lei, o que é defeso. Neste sentido cita Kruse mais um importante acórdão do Tribunal Federal Constitucional que, traduzindo, declara: 'Manda o princípio do Estado de direito que o próprio legislador delimite a esfera jurídica sujeita à possibilidade de intervenção estatal e não a deixe ao critério das autoridades administrativas'."

CAPÍTULO II

2.ª FASE: O ADVENTO DA LEI N.º 5.172/66 E OS REFLEXOS DOUTRINÁRIOS

II.1. Contexto histórico-normativo

O período democrático vivenciado pelo país após a promulgação da Constituição Federal de 1946 conheceu breves períodos de estabilidade. Deixando o governo em 1945, GETÚLIO VARGAS venceu as eleições em 1950, reassumindo a Presidência da República em 1951 e suicidando-se em 1954. Convocadas novas eleições, JUSCELINO KUBITSCHEK foi eleito Presidente da República em outubro de 1955, mas apenas conseguiu ser empossado graças a um golpe militar legalista comandado pelo general HENRIQUE TEIXEIRA LOTT. Findo o governo e realizadas novas eleições, JÂNIO QUADROS foi eleito e assumiu a presidência em 1961, renunciando alguns meses depois. O cargo foi ocupado pelo vice-presidente JOÃO GOULART, que, em viagem à China, somente pôde assumir suas funções depois de o Congresso ter reduzido os poderes presidenciais e instituir o regime parlamentarista. Em 1963, um plebiscito pôs fim ao parlamentarismo. Restaurado o presidencialismo pelo voto popular, pouco mais de um ano depois, em 31.03.1964, o presidente foi apeado do poder por um golpe militar. Começavam os "anos de chumbo" da história brasileira.[100]

No âmbito da ruptura institucional, o ordenamento jurídico não demorou a sofrer as consequências do golpe militar, como sói acontecer. Em 09.04.1964, foi introduzido na ordem jurídica o Acto Institucional

---

[100] A análise minudente deste interessante capítulo da história do Brasil foi feita por GASPARI, Elio. *As Ilusões Armadas – a Ditadura Envergonhada*. São Paulo: Companhia das Letras, 2002.

n.º 1 (AI-1),[101] outorgando ao governo militar o poder de alterar a Constituição Federal. Em 14.07.1965 foi aprovada a Lei n.º 4.729, tipificando criminalmente a sonegação fiscal e outras condutas similares. No dia 27.10.1965, o general-presidente Humberto Castelo Branco, com o Acto Institucional n.º 2 (AI-2), "suspendeu" a Constituição Federal e dissolveu os partidos políticos. Valendo-se da prerrogativa, em 1.º.12.1965, por intermédio da Emenda Constitucional n.º 18, introduziu, modificou e sistematizou as normas tributárias no corpo constitucional.

A Emenda Constitucional n.º 18 forcejou o aparecimento, em 25.10.1966, da Lei n.º 5.172, posteriormente denominada Código Tributário Nacional por força do Acto Complementar n.º36/67.

A Constituição Federal de 1967, à maneira das similares anteriores, encartando o vetusto postulado da legalidade tributária,[102] não modificou substancialmente o quadro tributário.

Especificamente naquilo que se pode relacionar à eventual interpretação económica ou ao combate à "evasão lícita", a nova lei não trouxe alterações aparentemente relevantes. No entanto, o substrato normativo acolheu e permitiu a propagação de construções doutrinárias radicalmente contrárias a muitas das idéias debatidas até então. Construções estas que aniquilaram o debate e permaneceram praticamente incontestadas durante as décadas seguintes, inclusive sendo repetidas sem maiores reflexões pelos tribunais pátrios.

Importa, em breve trecho, mencionar o contexto normativo em que foram extraídos argumentos para sustentar tais construções.

---

[101] Surgidos após o golpe de 1964, os actos institucionais eram medidas expedidas pelo comando da ditadura militar destinadas a legitimar e legalizar suas ações políticas. Entre 1964 e 1969 foram inseridos na ordem jurídica 17 actos institucionais. Como a Constituição Federal de 1946 havia sido concebida num ambiente democrático, sendo incompatível com o desígnio dos militares na medida em que impossibilitava o exercício do poder, logo após o golpe foi baixado o AI-1, autorizando o governo militar a, entre muitas outras coisas, alterar a Constituição.

[102] CF/1967: Art. 18 – O sistema tributário nacional compõe-se de impostos, taxas e contribuições de melhoria e é regido pelo disposto neste Capítulo em leis complementares, em resoluções do Senado e, nos limites das respectivas competências, em leis federais, estaduais e municipais. (...) Art 19 – Compete à União, aos Estados, ao Distrito Federal e aos Municípios arrecadar: (...)§ 1.º – Lei complementar estabelecerá normas gerais de direito tributário, disporá sobre os conflitos de competência tributária entre a União, os Estados, o Distrito Federal e os Municípios, e regulará as limitações constitucionais do poder tributário. (...) Art 20 – É vedado à União, aos Estados, ao Distrito Federal e aos Municípios: I – instituir ou aumentar tributo sem que a lei o estabeleça, ressalvados os casos previstos nesta Constituição;(...).

Inicialmente, estabeleceu-se a conceituação de tributo[103] como sendo "toda prestação pecuniária compulsória, em moeda ou cujo valor nela se possa exprimir, que não constitua sanção de ato ilícito, instituída em lei e cobrada mediante atividade administrativa plenamente vinculada" (art. 3.º).[104]

Reconhecendo a importância do facto gerador na determinação da natureza jurídica do tributo, esclareceu o Código Tributário Nacional que a natureza jurídica específica do tributo é determinada pelo facto gerador da respectiva obrigação, sendo irrelevantes para qualificá-la a denominação e demais características formais adotadas pela lei, assim como a destinação legal do produto da sua arrecadação (art. 4.º). Definiu facto gerador da obrigação principal como sendo a situação definida em lei como necessária e suficiente à sua ocorrência (art. 114). Em se tratando de situação de facto, dispôs o art. 116 que se considera ocorrido o facto gerador desde o "momento em que o se verifiquem as circunstâncias materiais necessárias a que produza os efeitos que normalmente lhe são próprios" (inciso I). No caso de situação jurídica, "desde o momento em que esteja definitivamente constituída, nos termos de direito aplicável" (inciso II).

Ainda no que diz respeito ao facto gerador, estatuiu o Código Tributário Nacional, no art. 118, que sua definição legal deve ser interpretada com abstração:

(i) da validade jurídica dos actos efetivamente praticados pelos contribuintes, responsáveis, ou terceiros, bem como da natureza do seu objeto ou dos seus efeitos;
(ii) dos efeitos dos factos efetivamente ocorridos.

---

[103] A definição proclamada pelo Código Tributário tem sido adjetivada por muitos autores como sendo impecável e por alguns outros como execrável. GERALDO ATALIBA, "nas três primeiras edições da Hipótese de Incidência Tributária, mencionou 'o Código Tributário conceitua tributos de forma excelente e completa'. Mas a partir da quarta edição (1990), a referência foi suprimida e acrescido que 'não é função de lei nenhuma formular conceitos teóricos, pelo que o art. 3.º seria mero 'precepto didatico', como refere a doutrina espanhola'." [Cf.: LUIZ FELIPE SILVEIRA DIFINI (2003:19)].

[104] No anteprojeto constava a seguinte disposição: "Art. 23. Tributo é toda exação instituída em lei pela União, pelos Estados, pelo Distrito Federal ou pelos Municípios, em benefício da Fazenda Pública respectiva, para obtenção, nos termos previstos na referida lei, de receita proveniente do patrimônio das pessoas naturais ou jurídicas a que se refere o artigo 139, destinada ao custeio das atividades gerais ou especiais de sua competência ou atribuição em seu caráter de pessoa jurídica de direito público interno."

E o respeito à legalidade, como se pode perceber da definição de tributo e de facto gerador, recebeu tratamento exaustivo. Em mais de uma ocasião o código reportou-se à necessidade de instrumento legislativo para a instituição de tributos. O art. 97, que pode ser considerado a disposição mais importante neste particular, categoricamente dispôs que somente a lei pode estabelecer:

(i) a instituição de tributos, ou a sua extinção;
(ii) a majoração de tributos, ou sua redução, ressalvado o disposto nos artigos 21, 26, 39, 57 e 65;
(iii) a definição do facto gerador da obrigação tributária principal, ressalvado o disposto no inciso I do § 3.º do artigo 52, e do seu sujeito passivo;
(iv) a fixação de alíquota do tributo e da sua base de cálculo, ressalvado o disposto nos artigos 21, 26, 39, 57 e 65;
(v) a cominação de penalidades para as acções ou omissões contrárias a seus dispositivos, ou para outras infrações nela definidas;
(vi) as hipóteses de exclusão, suspensão e extinção de créditos tributários, ou de dispensa ou redução de penalidades.

Referido dispositivo explicitou, ainda, que se equipara à majoração do tributo a modificação da sua base de cálculo, que importe em torná-lo mais oneroso (§1.º), não constituindo majoração de tributo a atualização do valor monetário da respectiva base de cálculo (§2.º).

Outros pontos sensíveis, entretanto, naquilo que interessa ao presente trabalho, ficaram expostos no Capítulo IV, que trata da interpretação e aplicação da legislação tributária. O legislador preocupou-se em deixar claro que a analogia – e também os princípios gerais de direito tributário e de direito público, assim como a equidade – pode ser utilizada pela autoridade competente para aplicar a legislação tributária (art. 108), dês que do emprego da analogia não resulte exigência de tributo não previsto em lei (§1.º) e do emprego da equidade não resulte dispensa do pagamento de tributo devido (§2.º).

Logo em seguida esclareceu que os princípios gerais de direito privado utilizam-se para pesquisa da definição, do conteúdo e do alcance de seus institutos, conceitos e formas, mas não para definição dos respectivos efeitos tributários (art. 109).

Tratando especificamente da definição ou limitação das competências tributárias, consignou que a lei tributária não pode alterar a definição, o conteúdo e o alcance de institutos, conceitos e formas de direito privado, utilizados, expressa ou implicitamente, pela Constituição Federal, pelas Constituições dos Estados, ou pelas Leis Orgânicas do Distrito Federal ou dos Municípios (art. 110).

Por derradeiro, ainda no que tange à interpretação, dirimiu as vetustas dúvidas acerca da interpretação literal afirmando que tal forma de interpretação aplica-se apenas e tão-somente nos casos de:

(i) suspensão ou exclusão do crédito tributário;
(ii) outorga de isenção; e
(iii) dispensa do cumprimento de obrigações tributárias acessórias (art. 111).

Em breve síntese, este foi o arcabouço normativo em cima do qual a doutrina tansformou alguns argumentos antigos em novos paradigmas da tributação brasileira em matéria de planeamento tributário. Percebe-se que nenhuma posição, contra ou a favor da consideração económica ou da elisão fiscal, havia sido categoricamente formulada. O significado e alcance das novas disposições seriam incialmente formuladas pela doutrina. E nada mais previsível que, num ambiente ditatorial, houvesse uma guinada dogmática em favor de um Direito Tributário aguilhoado à legalidade e garantidor das liberdades. Foi justamente isso que aconteceu.

II.2. Início dogmático

Se no âmbito normativo a segunda fase da evolução da doutrina brasileira sobre elisão fiscal pode ter demarcado seu início pelo advento da Lei n.º 5.172/66, em se tratando de doutrina, seu ponto de partida pode ser fixado na publicação do relatório nacional brasileiro apresentado por ANTÔNIO ROBERTO SAMPAIO DÓRIA nas IV Jornadas Luso-Hispano-Americanas de Estudos Tributários, realizadas em Estoril-Portugal, no mês de setembro de 1970.[105]

Além de sistematizar o estudo do assunto, aparentemente foi esse o primeiro trabalho a utilizar o termo "elisão fiscal" como sinónimo de

---

[105] Existem trabalhos anteriores sobre o assunto, mas sem a mesma relevância, sendo pouco citados pela doutrina posterior. Como exemplo, tem-se a obra "Doutrina e Aplicação do Direito Tributário", de A. A. CONTREIRAS DE CARVALHO, publicada pela Livraria Freitas Bastos S.A. em 1969, a qual analisa o tema da "evasão lícita" e os critérios de interpretação nas páginas 159-161 e 175-201, respectivamente.

"economia de tributos" no âmbito da doutrina nacional.[106] Conceituando evasão fiscal *lato sensu* como "toda e qualquer acção ou omissão tendente a elidir, reduzir ou retardar o cumprimento de uma obrigação tributária",[107] o referido autor buscou classificar as espécies de evasão fiscal. Assim, a evasão fiscal poderia ser omissiva (intencional ou não) ou comissiva (sempre intencional). A evasão omissiva poderia ser dividida em:

(a) evasão imprópria (abstenção da práctica do facto gerador ou transferência económica do ónus tributário); ou
(b) evasão por inacção – a qual poderia ser:

    (b.1) intencional (sonegação de pagamento ou de dados necessários; falta ou atraso de recolhimento);
    (b.2) evasão não intencional (ignorância do dever fiscal).[108]

De outro lado, a evasão comissiva poderia ser:

(a) ilícita (fraude, simulação, conluio); ou
(b) lícita (evasão stricto sensu, elisão[109] ou economia fiscal).

Não destoando da doutrina anterior, estabelece que tanto a evasão ilícita quanto a elisão seriam acções tendentes a eliminar, reduzir ou retardar o pagamento de um tributo efetivamente devido. A distinção estaria na licitude dos meios utilizados para esse propósito, ou seja, meios ilícitos na evasão e lícitos na elisão. Do mesmo modo, a elisão ocorreria antes do surgimento do facto gerador, ao contrário da evasão.[110]

Estas considerações certamente pouco acrescentariam ao debate da época. No entanto, a verdadeira contribuição do estudo para a evolução da doutrina brasileira sobre elisão fiscal residiu em fixar os pontos controvertidos sobre os quais seriam travadas as discussões vindouras.

---

[106] A definição mais correcta, entretanto, foi dada por NILTON LATORRACA (1975:21--22), ao diferenciar o planeamento tributário, como actividade empresarial, da elisão (economia de impostos), como objectivo do planeamento.

[107] ANTÓNIO ROBERTO SAMPAIO DÓRIA (1970:41).

[108] Quanto à distinção entre evasão imprópria e por inacção, esta é a classificação que resulta do texto, especialmente das páginas 47-53, sendo diferente da classificação esquematizada à página 47. Posteriormente, em outro trabalho, constante em obra coletiva coordenada por Geraldo Ataliba, o autor apresentou a esquematização nos termos aqui mencionados. [GERALDO ATALIBA (1978:448-449)]

[109] Aparentemente, trata-se da primeira utilização, pela doutrina nacional, do vocábulo elisão fiscal como sinónimo de evasão lícita, termo até então normalmente utilizado.

[110] ANTÓNIO ROBERTO SAMPAIO DÓRIA (1970:52-53).

Primeiramente, reconheceu como a "verdadeira evasão lícita" ou "verdadeira elisão fiscal" aquela resultante das lacunas da lei e concretizada pela habilidade do contribuinte na manipulação inteligente e lícita das opções jurídicas na estruturação de seus negócios.[111]

Estremando a elisão da simulação,[112] afastou qualquer consideração económica do facto gerador pelo intérprete por afrontar a "estrita legalidade dos tributos", bem como por inexistir qualquer norma no ordenamento jurídico autorizando-o a se comportar de maneira diferente.

Criticou a teoria do abuso das formas por entender inviável estabelecer critérios para a anormalidade na utilização abusiva das formas jurídicas e, também, porque o instituto da simulação, em sua incidência fiscal, serve para desconstruir hipóteses semelhantes às informadas pela doutrina como sendo abuso das formas.[113]

Por fim, não desmentiu a afirmação de a elisão frustrar a repartição dos custos públicos, directriz do princípio da capacidade contributiva. Mas lançou essa responsabilidade ao legislador, sendo defeso ao intéprete valer-se do referido princípio para desconsiderar as operações dos contribuintes.[114]

Obviamente, estes pontos controvertidos não foram tratados com ineditismo pelo autor mencionado. Muitos dos argumentos utilizados

---

[111] Segundo o autor (1970:81): "Na elisão, em verdade, o contribuinte encontra uma saída, que o legislador não fora suficientemente previdente para trancar, quando se referiu, de expresso, como tributáveis algumas formas susceptíveis de enquadrar um facto económico (geralmente as usuais), mas omitiu as demais (frequentemente incomuns)."

[112] ANTÓNIO ROBERTO SAMPAIO DÓRIA (1970:56-63).

[113] Nas palavras do autor: "Pois o que se qualifica como abuso da forma nada mais é senão simulação, em sua incidênca fiscal. Quando, para efeitos tributários, se rejeita a forma (distorcida) e se traz à tona a realidade económica (mascarada), supostamente a única manifestação de autenticidade do negócio celebrado, está-se esquecendo que, também, para fins de direito privado, aquela forma é ilusória e irrelevante, interessando apenas a essência íntima do negócio. Procede-se, em direito tributário, na suposição de que, para o direito civil, seria sagrada a forma adoptada pelos agentes, intocável o *nomen juris* que selecionaram, imutável a estrutura extensiva que deram ao negócio, por mais disparatados que fossem os efeitos reais, que viesse a produzir; quando contrastados com os efeitos próprios do negócio cuja forma aparente utilizaram. O que apelidaram doação ou locação, permanece como doação ou locação ainda que os efeitos reais sejam de uma venda. Não obstante, nada mais longe da verdade (...)." [ANTÓNIO ROBERTO SAMPAIO DÓRIA (1970:83)].

[114] ANTÓNIO ROBERTO SAMPAIO DÓRIA (1970:85-87).

podem ser encontrados em estudos publicados anteriormente.[115] Percebe-se, entretanto, que, a partir do início da década de 70, tais argumentos receberam fôros de dogmas, de verdades absolutas, pela doutrina dominante. Doutrina esta que não hesitou em destacar o pioneirismo, abraçar e desenvolver os argumentos expostos de forma sistemática por SAMPAIO DÓRIA.[116]

II.3. Tipicidade tributária e liberdade das formas jurídicas

Se durante a primeira fase defendia-se abertamente a interpretação económica ou funcional, após o advento do Código Tributário Nacional essa defesa esmoreceu, chegando mesmo alguns autores a rejeitar a posição que anteriormente defendiam.[117] E outros autores, que também

---

[115] Além dos autores mencionados como pertencentes à primeira fase (ver capítulo anterior) e apenas para ilustrar, Ruy Barbosa Nogueira, em parecer proferido em 11.07.68, sustentava – com apoio em doutrina portuguesa e alemã – a existência de lacunas como factor legitimante da evasão lícita, bem como que por ser a tributação uma interferência na esfera dos direitos individuais, preocupa-se o legislador em especificar com precisão as hipóteses abrangidas, de modo que a restrição fique confinada ou isolada e não conflite com as garantias constitucionais. (1971:71).

[116] Cite-se, por exemplo, a reprodução feita por Gilberto de Ulhôa Canto das palavras de Misabel Derzi proferidas por ocasião do VI Congresso de Direito Tributário realizado pelo IDEPE, em 1992, cujo estudo foi publicado pela Revista de Direito Tributário n.º 60, pp. 221 e ss.: "De qualquer maneira, quero fazer coro, aqui, com Gilberto Ulhôa Canto, Sacha Calmon Navarro Coelho e tantos outros juristas que têm insistido no desenvolvimento, dentro do Direito Tributário, da doutrina e da nossa jurisprudência, dos conceitos distintos entre evasão lícita e evasão ilícita. Aquilo que seria economia de imposto propriamente dita, direito do contribuinte, e aquilo que seria ilicitude. [ ] A posição tradicional nessa matéria de Sampaio Dória, Rubens Gomes de Sousa e outros é de que a fraude e ilicitude no Direito Tributário deveriam ser apanhadas se examinando primeiro a licitude ou ilicitude dos meios. Só a evasão ilícita se utiliza de meios não adequados ou fraude de documento ou falsidade." Continua a citação mais adiante: "E o momento da utilização desses meios? Antes ou depois do fato gerador? Antes da ocorrência do fato jurídico, se os meios são lícitos haveria mera elisão do imposto, mera redução de imposto, mas se a utilização desses meios é posterior à ocorrência do fato jurídico tributário, tendo como objetivo escamotear a ocorrência desse fato, descaracterizá-lo, para enganar e ludibriar a Fazenda Pública, neste caso, teríamos fraude e evasão ilícita, que devem ser combatidas." (CANTO, Gilberto Ulhôa. *Evasão e elisão fiscais – um tema atual*. São Paulo: Malheiros Editores, Revista de Direito Tributário n.º 63, pp. 187/188)

[117] Assim, por exemplo, RUBENS GOMES DE SOUZA, que em seu "Compêndio de Legislação Tributária" (1954) defendia a interpretação económica, tendo inclusive elaborado o Anteprojeto do Código Tributário Nacional com preceitos neste sentido, passou a defender, em seus "Pareceres – 3 – Imposto de Renda" (1976), que a interpretação

entendiam válidas as premissas desta forma de interpretação estritamente teleológica,[118] não a aceitavam perante o direito brasileiro em se tratando da utilização de conceitos de Direito Privado pelas leis tributárias. Tudo em razão de uma alegada consagração expressa do princípio da estrita legalidade pela Constituição Federal e Código Tributário Nacional.[119]

A defesa intransigente de uma legalidade tributária hermética culminou por sacralizar a liberdade das formas jurídicas na medida em que as formas do direito privado tornaram-se vinculantes para o direito tributário. E basicamente porque toda vez que o contribuinte se valesse de fórmula jurídica de direito privado, devidamente manipulada ou deformada, para obter os mesmos resultados económicos inerentes à fórmula jurídica prevista como facto gerador do tributo, estaria se colocando longe da incidência da norma tributária. Qualquer conduta seria permitida e tolerada, desde que consoante a legislação de regência e sem configurar simulação.

O arcabouço retórico da sacralização da liberdade das formas de Direito Privado evoluiu da noção acerca do aproveitamento das lacunas existentes no ordenamento tributário – como exposto por SAMPAIO DÓRIA, em reverência ao princípio da legalidade tributária – para a divulgação do conceito de "tipicidade tributária" (Tatbestandsmässigkeit der Besteuerung), consagrando a plenitude da ordem jurídica (ausência de lacunas).

A noção de "tipicidade tributária" foi dogmaticamente inserida na doutrina nacional[120] a partir da distinção feita pela doutrina alemã entre

---

económica, como conseqüência do abuso das formas, não seria cabível perante o ordenamento jurídico nacional, sendo que a conduta elisiva apenas seria ilícita se practicada mediante actos simulados.

[118] Como, por exemplo, de que sendo a finalidade primeira do Direito regular a vida em sociedade e que a existência de normas denota a opção feita pelo legislador acerca de determinados valores, a interpretação do Direito deve ser orientada pela busca de sua finalidade, qual seja, assegurar a realização concreta do valor encampado pela norma. Mais especificamente no âmbito do direito tributário, como o facto gerador, na essência e consistência, é um facto económico revelador da capacidade contributiva, a interpretação das normas tributárias deve ter sempre presente que estas normas visam alcançar os efeitos económicos dos factos imponíveis, independentemente de sua exteriorização formal.

[119] V.g. FERNANDO ANTÔNIO ALBINO DE OLIVEIRA (1971:418); LIZ COLI CABRAL NOGUEIRA (1974:373-376), com a ressalva de que esta autora admitia alguma aplicação prática da consideração económica, mas sem qualquer relevância efectiva.

[120] Embora outros autores tenham feito referência ao carácter tipológico da tributação, como RUY BARBOSA NOGUEIRA (cf. "Da Interpretação e da Aplicação das Leis Tributárias", 2.ª edição, 1974, pp. 118 e ss) e FÁBIO FANUCCHI (cf. "Imposto de Renda na Fonte", Rio de Janeiro, 1965, p. 27), por certo tal característica foi primeiramente

preeminência de lei e reserva de lei, bem como entre reserva relativa e absoluta de lei. Aplicando tais noções ao direito tributário brasileiro, inclusive levando-se em consideração as diversas referências normativas à legalidade tributária, chegou-se à conclusão que: "O fato de o princípio da legalidade em matéria tributária se articular como uma reserva de lei formal significa a exigência de *lex scripta*, com exclusão do costume e do regulamento; e o fato de se configurar com uma reserva absoluta significa a exigência de *lex stricta*, com exclusão das formas de subjetivismo na aplicação da lei consistente na analogia ou na discricionariedade administrativa."[121]

Em consequência dessa premissa, existiria um princípio da tipicidade da tributação, estreitamente relacionado com o princípio da legalidade. A tipicidade procuraria delimitar a "relevância da vontade na produção de efeitos jurídicos, em obediência a uma idéia de certeza e segurança jurídica."[122]

Da tipicidade decorreriam os subprincípios:

(i) da seleção – no sentido de que o legislador não pode tributar por conceitos gerais, mas deve escolher alguns factos dentro de realidades mais amplas;
(ii) do *numerus clausus* – impondo ao legislador que, entre as tipologias exemplificativa, taxativa e delimitativa, apenas tribute a partir de tipologia taxativa;
(iii) do exclusivismo – ou seja, a tipicidade fechada (Karl Larenz), exprimindo que para haver tributação deve haver a completa e suficiente adequação das situações jurídicas aos tipos legais;

---

minudenciada por ALBERTO XAVIER (cf. "Os princípios da legalidade e da tipicidade da tributação", São Paulo: Ed. Revista dos Tribunais, 1978; e "Liberdade fiscal, simulação e fraude no direito tributário brasileiro", Revista de Direito Tributário, ano IV, janeiro/junho de 1980, n.º 11-12, pp. 284-313), seguido por YONNE DOLACIO DE OLIVEIRA (cf. "A Tipicidade no Direito Tributário Brasileiro", São Paulo: Edição Saraiva, 1980). Não se olvida, entretanto, que o estudo brasileiro de ALBERTO XAVIER decorre dos argumentos expostos anteriormente em sua obra "Conceito e Natureza do Acto Tributário" (Coimbra: Livraria Almedina, 1972, p. 263 e ss), onde analisou detidamente a relação entre a tipicidade e a legalidade no Direito Tributário.

[121] ALBERTO XAVIER (1980:289). O autor fundamenta seu raciocínio em: Jürgen Salazwedel ("Recthstaat im Steuerrecht", in Vom Rechtsschutz in Steuerrecht, Düsseldorf, 1960, p. 2 e ss.), MAX VÖLCKER ("Der Grundsatz de gesetzmässugkeit un die Leistungsverwaltung", Munique, 1960) e Werner Flume ("Steuerwesen und Rechtsordnung, Gottingen, 1952).

[122] ALBERTO XAVIER (1980:289-290).

(iv) da determinação – em função do qual a norma tributária deve conter elementos precisos e determinados, vedando-se ao aplicador qualquer consideração subjetiva.

Tais subprincípios ajudariam a demarcar o campo livre de tributação. Em outras palavras, vigendo o princípio da tipicidade (nullum tributum sine lege), afora do catálogo rígido de tributos não existem lacunas, mas espaço livre de tributação.[123]

O subprincípio da determinação qualifica determinado tipo como "tipo fechado", ou seja, com elevado grau de determinação conceitual e de fixação de conteúdo, consubstanciando-se, por isso, numa determinação exaustiva e inextensível de suas características consideradas sempre necessárias.[124] Na linha argumentativa de KARL LARENZ, explicava YONNE DOLACIO que: "no tipo cerrado, mediante a fixação de suas notas constitutivas, a mesma regra é estabelecida para todos os casos, de modo que ela funciona como o conceito abstrato e, nesta hipótese, haverá ou não subsunção: ou o individual oferece todas as características do tipo cerrado, cai dentro do tipo, ou não é afetado por ele."[125]

Ao estabelecer um "campo livre de tributação", o reconhecimento do princípio da tipicidade tributária permitiu legitimar doutrinariamente a elisão fiscal perante o direito brasileiro. No "campo livre de tributação" estaria qualquer pessoa apta a exercitar sua liberdade individual para praticar negócios fiscalmente menos onerosos ou utilizar livremente as formas e institutos jurídicos de direito privado. A elisão fiscal, conforme opinião que se tornou clássica, equivaleria a não entrar na relação jurídico-tributária.[126] Isso porque o tipo conteria, de forma taxativa e incontrastável, todos os traços típicos apreendidos de determinada realidade e aptos a desencadear o nascimento da obrigação tributária. Os valores da

---

[123] ALBERTO XAVIER (1980:291-293).
[124] YONNE DOLACIO DE OLIVEIRA (1980:40).
[125] YONNE DOLACIO DE OLIVEIRA (1980:24).
[126] "NARCISO AMORÓS RICA, em expressão feliz, disse que a elisão consiste em não entrar na relação jurídica fiscal, ao passo que a evasão significa dela sair, depois de nela haver entrado (Revista de Derecho Financiero 15/584). Coincidem com essas opiniões as de JOSÉ LUIS PREZ DE AYALA (Memória de la Asociación Fiscal Española de 1966, Madri, 1967, p. 545), ALFREDO AUGUSTO BECKER (Teoria Geral do Direito Tributário, ed. Saraiva, 1963) e BILAC PINTO (Estudos de Direito Público, ed. Forense, 1953, p. 56)." (apud CANTO, Gilberto Ulhôa. Evasão e elisão fiscais – um tema atual. São Paulo: Malheiros Editores, Revista de Direito Tributário n.º 63, p. 189).

segurança e certeza jurídica forcejariam a fixação exaustiva dos elementos do tipo, motivo pelo qual os actos e factos que por qualquer motivo não se subsumissem completamente à configuração normativa, não seriam alcançados pela tributação, restando vedada qualquer actuação contrária do intérprete.[127]

A liberdade das formas atingiu tamanho grau de reverência que se tencionou, inclusive, estruturar dogmaticamente um "direito constitucional de liberdade", consubstanciando um direito subjetivo público ao qual corresponderia o dever jurídico de o legislador esgotar o exercício de sua competência tributária. Os negócios elisivos estariam, desse modo, fora da incidência normativa e dentro da esfera de protecção jurídica do particular.[128]

II.4. Limites da liberdade fiscal

Estando a liberdade fiscal amparada pela legalidade e tipicidade tributária, remanescia o problema de saber quais eram os limites dessa prerrogativa – direito para alguns – conferida aos cidadãos.[129] Em linha

---

[127] *Mutatis mutandis* e grosso modo, pode-se dizer que por essa vertente dogmática – e valendo-se do clássico exemplo de Enneccerus e Bartholemeyczik – se determinada lei veda a entrada de quadrúpedes em transportes públicos coletivos, nada obsta que qualquer passageiro utilize tais meios de transporte devidamente acompanhado pelo seu avestruz africano (bípede). [vide: KARL ENGISCH (2004:291-292)]. Por outro lado, tem-se também a conhecida citação de Luigi Vittorio Berliri a propósito da interpretação económica: "Ma dire a priori e in línea di massima , che – sol perché la giustificazione dell'imposta è l'esistenza di una determinata capacitá contributiva –, un'appalto il quale produca effetti economici analoghi a quelli di una vendita deve senz'altro essere tassto come vendita perché dimostra una uguale capacitá contributiva, serebbe press'a poco come dire che un gatto soriano deve essere considerato un cane agli effetti dell'applicazione dell'imposta sui cani, sol perché l'imposta sui cani è un'imposta diretta a colpire la capacitá contributiva, e il possesso di un gatto soriano dimostra una non minore capacitá contributiva di quella dimostrata dal possesso di un barbone." [*L'Imposta do Ricchezza Nobile – Incontri e Scontri di Dottrina e Giurisprudenza*, Milão, ed. Giuffré, 1949, p. 326, nota de rodapé (*apud* CANTO, Gilberto Ulhôa. *Evasão e elisão fiscais – um tema atual*. São Paulo: Malheiros Editores, Revista de Direito Tributário n.º 63, p. 190)].

[128] DIVA PRESTES MARCONDES MALERBI (1984:62-69).

[129] A Constituição Federal de 1937 indicava limites à liberdade negocial em seu art. 135, assim redigido: "Na iniciativa individual, no poder de criação, de organização e de invenção do indivíduo, exercido nos limites do bem público, funda-se a riqueza e a prosperidade nacional. (...)"

de princípio, não se questionava a liberdade fiscal quando se pautava por alternativas lícitas.[130] A questão resumia-se em saber se o exercício dessa liberdade poderia configurar, perante o direito tributário, abuso de direito, fraude à lei ou simulação.

O abuso de direito, concebido no âmbito do direito privado, jamais teve um critério uniforme de identificação. Para alguns seria a intenção de prejudicar; para outros a ausência de interesse legítimo no exercício do direito; e ainda havia quem sustentasse que o abuso de direito consistiria no uso anormal do direito.[131] O Código Civil Brasileiro de 1916 limitou-se a afirmar não constituir acto ilícito o exercício regular de um direito reconhecido, de modo ser possível deduzir a ilicitude do actos abusivos.

Os tributaristas da segunda fase, de forma praticamente pacífica, rejeitavam a aplicação da teoria do abuso de direito no âmbito tributário. Por essa teoria, sempre que o contribuinte se valesse de formas anormais para configurar seus negócios jurídicos incorreria em abuso da liberdade negocial. A linha mestra da tese defensiva havia sido exposta por Dória: não haveria critério seguro ou razoável para distinguir entre formas normais e anormais.[132] Outro argumento recorrente era de que a liberdade de actuação dos particulares não poderia ofender os interesses fiscais do Estado. Apenas se poderia falar em dano ao Estado se se reconhecesse um interesse tributário geral, o que não ocorreria, visto que o interesse tributário estatal somente existiria nos limites da estrita legalidade.[133]

A fraude à lei era entendida em termos clássicos,[134] ou seja, como a conduta desejada e praticada em conformidade com determinada norma,

---

[130] Para Aires F. Barreto: "Portanto, sob o ângulo estritamente jurídico, desde que a alternativa seja lícita (não proibida expressamente pela lei), não se pode questionar a validade da opção adotada pelo particular na organização e estruturação de seus negócios – mesmo se dela resultar, eventual ou deliberadamente, economia de impostos." (1988:88)

[131] Sobre o tema, vide: Everardo da Cunha Luna (1959); Fernando Augusto Cunha de Sá (2005); Inácio de Carvalho Neto (2006).

[132] António Roberto Sampaio Dória (1970:83). No mesmo sentido: Fernando Antônio Albino de Oliveira (1971:88).

[133] O argumento foi utilizado primeiramente por Alberto Xavier (1980:308).

[134] Neste sentido, consoante a lição do espanhol F. de Castro (*El Negocio Juridico*, Madrid, 1985, pp. 369 e ss.), a fraude à lei se verifica "cuando se intenta amparar el *resultado* contrario a una ley en otra disposición dada en verdad con una finalidad diferente. El negocio en fraude a la ley consiste en utilizar um tipo de negocio o un procedimiento negocial con el que se busca evitar las normas dictadas para regular otro negocio: aquel precisamente, cuya regulación es la que corresponde al *resultado* que se pretende conseguir con la actividad puesta en práctica." [*apud* Tulio Rosembuj (1999:23)].

mas que frustra a incidência de outra aplicável à hipótese. Uma conduta formalmente lícita, mas contrária ao ordenamento jurídico.[135] Não se viola a lei; contorna-a. Em termos gerais, o argumento da fraude à lei para combater a elisão fiscal, inclusive tendo sido adotado anteriormente pelo Supremo Tribunal Federal[136], não mereceu acolhida no seio da doutrina, principalmente em face do entendimento segundo o qual a figura da fraude à lei em matéria tributária apenas pode restar configurada se o facto gerador for objecto de normas proibitivas ou preceptivas (obrigatórias) – o que raramente ocorre. Sendo o facto gerador normalmente disciplinado por normas permissivas, não estando o particular obrigado ou proibido de realizá-lo, não se poderia falar juridicamente em fraude à lei. Seriam, pois, "raros os casos em que a figura da *fraus legis* pode atuar: são precisamente aqueles em que a lei obriga à realização do fato gerador (ou à realização em certo prazo) e ainda aqueles em que exige que o fato gerador só possa realizar-se através de uma dada forma. Nestas hipóteses, sim, se a ocorrência do fato foi evitada ou retardada dolosamente ocorrem os requisitos objetivos e subjetivos da figura da fraude à lei."[137]

Excluída em geral a possibilidade de se aplicar a teoria do abuso das formas ou da fraude à lei para combater a elisão fiscal, sedimentou a doutrina o entendimento de que apenas a conduta elisiva realizada por intermédio de actos simulados seria passível de desconsideração.[138]

A diferença entre simulação e elisão foi demarcada por SAMPAIO DÓRIA nos seguintes termos:

"*a)* Os meios empregados são lícitos na elisão tributária e na simulação, sua ilicitude é ocultada (revelando-se apenas com o reconhecimento da simulação);

---

[135] Como dizia São Tomás de Aquino: "lex non est ipso jus proprio loquendo sed aliqualis ratio juris", ou seja, "a lei não é propriamente o Direito".

[136] Por todos: "Imposto de Renda. Seguro de vida feito pelo contribuinte para furtar-se ao pagamento do tributo. Fraude à Lei. Além da primeira categoria de fraude à lei, consistente em violar regras imperativas por meio de engenhosas combinações cuja legalidade se apóia em outros textos, existe uma segunda categoria de fraude no fato do astucioso que se abriga atrás da rigidez de um texto para fazê-lo produzir resultados contrários ao seu espírito. O problema da fraude à lei é imanente a todo ordenamento jurídico, que não pode ver, com indiferença, serem ilididas, pela malícia dos homens, as suas imposições e as suas proibições. Executivo fiscal julgado procedente." (Recurso Extraordinário n.º 40518, Relator Ministro Luis Gallotti, julgado em 19.05.1961, Tribunal Pleno, publicado no Diário da Justiça de 27.11.1961, p. 416).

[137] Cf. ALBERTO XAVIER (2001:305).

[138] RUBENS GOMES DE SOUSA (1976:220).

b) Na elisão, o fato imponível não ocorre; na simulação, o fato imponível ocorre efetivamente mas é dissimulado;
c) Na elisão tributária, o instrumento jurídico é idôneo para permitir o enquadramento razoável da situação de fato; na simulação, há em geral incompatibilidade entre a forma e o conteúdo, de modo que as características essenciais do fato discrepam radicalmente daquelas próprias do negócio ou categoria legal empregada;
d) Na elisão os resultados são os do próprio negócio jurídico utilizado, enquanto na simulação fiscal os resultados reais são diversos dos ostensivamente indicados." [139]

Mais suscintamente, pode-se dizer que, ao contrário do que ocorre com a elisão, na simulação há divergência entre a vontade real e a vontade engendrada na declaração formal, decorrente do pacto simulatório entre declararante e declaratário, com o fito de enganar terceiros. Pode ser simulação inocente, quando o intuito é apenas enganar e não prejudicar terceiros. Pode ainda ser absoluta, em razão da inexistência de vontade para celebração de qualquer negócio, não obstante as aparências (contrato simulado), bem como pode ser relativa, quando as partes efectivamente celebram um negócio jurídico (negócio simulado), ocultando um outro negócio realmente desejado (negócio dissimulado).

A análise dos efeitos dos actos simulados perante o direito tributário passou a ser submetida ao escrutínio das normas tributárias, não ficando mais limitada às normas do direito privado. E especial atenção foi dada ao art. 118 do Código Tributário Nacional[140], o qual prevê ser irrelevante para a Administração, quando da caracterização do facto, conhecer questões prejudiciais ao lançamento, quais sejam, a validade e a eficácia dos actos jurídicos. Sustentou-se, então, que conquanto possa a Administração reconhecer a inexistência dos actos, assim não pode proceder relativamente aos actos nulos, os quais devem produzir efeitos tributários em função da preeminência do conceito de eficácia sobre o de validade, decorrente do princípio da capacidade contributiva, valorizando-se, desse modo, a aparência jurídica sobre a realidade.[141] Não haveria

---

[139] Cf. CÉSAR A. GUIMARÃES PEREIRA (2001:78).
[140] CTN: Art. 118. A definição legal do fato gerador é interpretada abstraindo-se:
I – da validade jurídica dos atos efetivamente praticados pelos contribuintes, responsáveis, ou terceiros, bem como da natureza do seu objeto ou dos seus efeitos;
II – dos efeitos dos fatos efetivamente ocorridos.
[141] ALBERTO XAVIER (1980:298).

distinção de tratamento na hipótese de simulação, pois: "Caso o Fisco tenha fundadas suspeitas de que dado ato jurídico é simulado – e que dele advém prejuízo – nada mais poderá fazer que efetuar o lançamento conforme a aparência do ato e requerer a decretação da sua nulidade relativa junto aos tribunais. Obtida a sentença anulatória, o lançamento será obrigatoriamente reformado em conformidade."[142] Não fluiria o prazo decadencial para lançar o tributo, de proceder à revisão do lançamento ou de homologação do pagamento, enquanto não transitar em julgado eventual sentença proferida em ação anulatória. Mas essa posição ainda sofria crítica, pois havia quem entendesse que a realização de actos jurídicos com o simples propósito de se pagar menos tributos – ou mesmo não pagar – jamais poderia ser considerada actividade ilícita, razão pela qual não poderia se falar em simulação nesses casos.[143] Seria, ainda, o caso do negócio indirecto – que é a realização de um negócio típico para alcançar um fim atípico –, vez que inexistiria qualquer divergência de vontade apta a ensejar o reconhecimento da simulação.[144]

Depreende-se do exposto que a liberdade fiscal garantida ao cidadão, como expressão da segurança e certeza tributária asseguradas pela tipicidade tributária, seria practicamente ilimitada, autorizando a adopção de qualquer conduta – inclusive mediante abuso de direito ou fraude à lei – tendente a se pagar o menor valor possível a título de tributos. Nos casos de simulação, a conduta seria válida perante o Fisco até que fosse declarada nula, para efeitos tributários, pelo Poder Judiciário.

II.5. Tipos estruturais e funcionais

Examinando o art. 109 do Código Tributário Nacional,[145] ALBERTO XAVIER propôs, quando da interpretação das normas tributárias, a neces-

---

[142] Esta solução também seria abonada por PONTES DE MIRANDA, RUBENS GOMES DE SOUSA e ANTÔNIO ROBERTO SAMPAIO DÓRIA. [ALBERTO XAVIER (1980:299)].

[143] GILBERTO ULHÔA CANTO (1988:109).

[144] O Supremo Tribunal Federal já decidiu ser nulo negócio jurídico indirecto utilizado para fraudar a lei. No Recurso Extraordinário n.º 82.447, de 08.06.1976, entendeu-se que uma compra e venda, com cláusula de retrovenda, não poderia ser utilizada para computar taxas de juros superiores às permitidas pela Lei de Usura. [Cf. JOÃO FRANCISCO BIANCO (2002:149)]

[145] CTN: Art. 109. Os princípios gerais de direito privado utilizam-se para pesquisa da definição, do conteúdo e do alcance de seus institutos, conceitos e formas, mas não para definição dos respectivos efeitos tributários.

sidade de distinção entre os tipos funcionais e os tipos estruturais.[146] Os primeiros definiriam resultados económicos a serem subsumidos à estrutura tipológica da norma tributária. Seria o caso da tributação sobre a renda, entendida esta como um resultado económico. Os tipos estruturais, por outro lado, sem visarem o resultado ecómico, estabeleceriam como facto gerador do tributo a formalização de determinadas estruturas jurídicas. É o que acontece, por exemplo, nas normas tributárias que gravam determinadas operações de compra e venda.[147]

A distinção operaria importantes efeitos no caso dos negócios indirectos.[148] No caso dos tipos funcionais, o negócio jurídico indirecto ficaria submetido à mesma disciplina do negócio directo correspondente, pois como a hipótese normativa tem em mira um resultado económico, a incidência independeria da estrutura realizada. Relativamente aos tipos estruturais, a hipótese de incidência tributária não o apanharia em seus limites, vez que o elemento essencial do tipo legal é a estrutura do negócio jurídico, independentemente de qualquer resultado económico.

Argumentava-se ser essa a consequência do próprio sistema de presunções legais, pois, com efeito, "se as regras de interpretação conduzissem a subsumir o negócio indireto no tipo legal de negócio direto

---

[146] ALBERTO XAVIER (1980:311). A idéia em si não era nova. Muito tempo antes, François Geny (1950:8-9) averbara: "Em matéria de fiscalidade, os indivíduos estão sempre às voltas com o Estado. Mas o Estado os sujeita no intuito exclusivo de obter os recursos financeiros, necessários para lhe permitir o desempenho de sua missão fundamental e essencial. Existe aí um campo de ação, nitidamente particular e distinto dos outros. E, no interior dêsse domínio, o Estado se vê obrigado a passar em revista as atividades e situações, em que se acham empenhadas as pessoas, a fim de distinguir, em seu conjunto, quais poderão e deverão ser tributadas e de que maneira. [...] Ora, vale a pena salientar que, entre tais atividades e situações, abrangidas pelo fisco, como suscetíveis de tributação, umas assumem o caráter de puros fatos, por assim dizer materiais, e outras afetam um aspecto pròpriamente jurídico e especificado, como tal, pelo direito comum geral. Isto permite já perceber um lado, pelo qual o direito fiscal se acha em contacto necessário com as outras partes do direito. Relaciona-se também com estas, e em muito maior escala, sob um outro aspecto, isto é, naquilo que, não podendo, como todo e qualquer direito, se exercitar senão por meios pròpriamente jurídicos, o direito fiscal deve necessariamente buscar êsses meios na ordem jurídica geral, muito embora lhes modifique mais ou menos a aplicação e o emprêgo, de conformidade com seu objetivo próprio."

[147] FERNANDO ANTÔNIO ALBINO DE OLIVEIRA (1971:88) também se refere à descrição de factos ou formas tributárias como elementos da hipótese de incidência, sem, no entanto, referir-se a tipos funcionais ou estruturais.

[148] Sobre as espécies de negócio indirecto, vide: XAVIER, Alberto. *O Negócio Indirecto em Direito Fiscal*. Lisboa:DGCI, Ciência e técnica fiscal, n.° 147, março, p. 25 e ss.

– resultado a que logicamente chegariam as orientações em causa – então não seria necessário ao legislador tipificar expressamente situações de negócio indireto como fatos autônomos equivalentes juridicamente aos fatos presumidos." [149]

Tal como foi exposta, a distinção entre tipos estruturais e fucionais, como se verá na seqüência, foi utilizada inúmeras vezes como linha argumentativa destinada a legitimar operações jurídicas que tinham por objecto impedir ou retardar licitamente a ocorrência do facto gerador do tributo. Para a esmagadora maioria dos autores a adopção de tipos estruturais pelo legislador impediria que qualquer espécie de elisão tributária engendrada por negócios indirectos fosse subsumida à hipótese de incidência da norma.

Interessante observar que essa distinção entre tipos estruturais e funcionais, embora tenha servido para fundamentar muitas conclusões em favor da elisão fiscal, não deixa de ser uma classificação dos tipos. E apenas isso. Mesmo num tipo estrutural, deve-se ter em mente que a norma alude a um *standard*, um modelo, um perfil do facto a tributar. O nome não basta para configurar a hipótese.[150]

Todavia, desta distinção entre formas de tipologia tributária foi arrancada a conclusão de que os conceitos e institutos de direito privado seriam vinculantes para o direito tributário. Conclusão que não se extrai facilmente da leitura do mencionado artigo 109 nem de sua história. Muito pelo contrário. Em termos de antecedentes históricos, a Comissão Especial do Código Tributário Nacional vinculava o art. 109 à autonomia do Direito Tributário, esclarecendo que "o Direito Privado regula a validade jurídica dos atos, o Direito Tributário investiga o seu conteúdo econômico".[151] No âmbito da hermenêutica várias interpretações podem ser extraídas do referido artigo, principalmente se analisado conjuntamente com o art. 110.[152] Quando o artigo 109 indica que os "princípios gerais de direito privado utilizam-se para pesquisa da definição, do conteúdo e do alcance de seus institutos, conceitos e formas, mas não para

---

[149] ALBERTO XAVIER (1980:311).
[150] MARCO AURÉLIO GRECO (2004:145-146).
[151] Cf. RICARDO LOBO TORRES (2006:147).
[152] CTN: Art. 110. A lei tributária não pode alterar a definição, o conteúdo e o alcance de institutos, conceitos e formas de direito privado, utilizados, expressa ou implicitamente, pela Constituição Federal, pelas Constituições dos Estados, ou pelas Leis Orgânicas do Distrito Federal ou dos Municípios, para definir ou limitar competências tributárias.

definição dos respectivos efeitos tributários", justamente prenuncia que os "princípios gerais" – e apenas estes – devem servir de suporte interpretativo para definição, conteúdo e alcance de seus institutos, conceitos e formas. Os efeitos tributários escapam a qualquer consideração privatística, podendo ser compreendida nessa interpretação a autorização normativa para se coibir o abuso das formas jurídicas. Vê-se, pois, que a distinção entre tipos estruturais e funcionais não decorre logicamente do comando normativo em epígrafe, motivo pelo qual deveria ter sido submetida a uma análise mais crítica da doutrina, o que não ocorreu durante largo período de tempo.

II.6. A posição doutrinária minoritária

MIGUEL POIARES MADURO, ao discorrer recentemente sobre a tensão existente entre os mecanismos de autotutela que devem existir nos ordenamentos jurídicos e as preocupações acerca da segurança jurídica em matéria tributária, consignou: "É verdade que o direito fiscal é freqüentemente dominado por preocupações legítimas de segurança jurídica, que derivam, em especial, da necessidade de garantir a previsibilidade dos encargos financeiros impostos aos contribuintes e do princípio da legalidade ('no taxation without representation'). (...) A segurança jurídica deve ser equacionada com outros valores do sistema jurídico. O direito fiscal não deve tornar-se numa espécie de faroeste jurídico, em que praticamente todo o tipo de comportamento oportunista tem de ser tolerado desde que seja conforme com uma intepretação formalista estrita das disposições fiscais relevantes e que o legislador não tenha expressamente tomado medidas para impedir esse comportamento."[153]

A citação se faz importante porque, como se percebe, no decorrer da segunda fase da doutrina sobre elisão fiscal no direito brasileiro, ou seja, por durante mais de 20 anos, a quase totalidade dos autores esforçou-se em – e conseguiu – transformar o direito tributário no faroeste do

---

[153] Transcrição extraída do item 77 das Conclusões do Advogado-Geral Miguel Poiares Maduro, apresentadas em 07.04.2005, junto ao Tribunal de Justiça da Comunidade Europeia, relativamente aos processos: (i) C-225/02: Halifax plc Leeds Permanent Development Services Ltd, Couty Wide Property Investments Ltd contra Comissioners of Customs and Excise; (ii) C-419/02: Bupa Hospitals Ltd, Goldsborough Developments Ltd contra Comissioners of Customs and Excise; (iii) C-223/03: University of Huddersfield Higher Education Corporation contra Comissioners of Customs and Excise.

direito brasileiro, onde, em matéria de planeamento tributário, todo comportamento oportunista deveria ser tolerado em nome de uma segurança jurídica a serviço de interesses escusos e uma legalidade divorciada dos valores fundamentais da tributação.

Destoava das vozes da esmagadora maioria a opinião de poucos doutrinadores em favor da racionalidade do sistema tributário. Embora em franco declínio dogmático, havia ainda a defesa da consideração económica do facto gerador, como forma de respeito ao princípio da isonomia, possibilitando que o intérprete confrontasse, em cada caso concreto, se a *intentio facti* (intenção de facto) coincidia verdadeiramente com a *intentio juris* (forma jurídica), impedindo, assim, a elisão fiscal mediante o abuso das formas jurídicas.[154]

De forma pouco mais contida, havia a defesa da consideração económica – no sentido de interpretação teleológica – mas limitada, por força do art. 109 do Código Tributário Nacional, às hipóteses em que o Direito Tributário não utilizasse "conceitos puros" do Direito Privado.[155]

---

[154] GERD W. ROTHMANN (1972:79-80).

[155] FÁBIO LEOPONDO DE OLIVEIRA (1976:192-197); LIZ COLI CABRAL NOGUEIRA (1974:362-363). Não se pode deixar de mencionar, entretanto, que o Supremo Tribunal Federal, na década de 1980, reconhecia o valor do substrato económico da hipótese de incidência como vetor interpretativo da norma tributária. Assim, por exemplo, quando do julgamento do Recurso Extraordinário n.º 112.947/SP, 2.ª Turma, em 19.06.1987, publicado na Revista Trimestral de Jurisprudência – RTJ n.º 125, constou da ementa do acórdão: Tributário. ISS na locação de bens móveis. O que se destaca, *utilitatis causa*, na locação de bens móveis, não é apenas o uso e gozo da coisa, mas sua utilização na prestação de um serviço. Leva-se em conta a realidade económica, que é a atividade que se presta com o bem móvel, e não a mera obrigação de dar, que caracteriza o contrato de locação, segundo o artigo 1.188 do Código Civil. Na locação de guindastes, o que tem relevo é a atividade com eles desenvolvida, que adquire consistência econômica, de modo a tornar-se um índice de capacidade contributiva do Imposto sobre Serviços." Esclareceu o Relator, Ministro Carlos Madeira, sobre a recepção dos conceitos de direito provado pelo Direito Tributário, que "Não há, porém, recepção plena de um conceito de direito privado, nem da regulação pertinente a esse direito, pois a referência a ele é feita, em direito tributário, utilitatis causa. Importa ter em consideração que são diversos os modos de tratar os mesmos institutos jurídicos e as finalidades que se tem em vista, ao considerá-los, diferem profundamente em cada uma de suas disciplinas. Assim, quando o direito civil regula a compra e venda, ele tem em vista os efeitos da relação jurídica e as condições de validade necessárias para a sua constituição. Quando o direito tributário, entretanto, encara a mesma relação, ele tem o objetivo de aí encontrar um índice de capacidade econômica, ou de capacidade contributiva e, assim, considerando a operação como um fato econômico, despido de todo formalismo e de todas as aparências, vai ali buscar ou verificar a realidade econômica subjacente, através do exame da circulação de riqueza que se operou."

Destacavam-se, ainda, argumentos favoráveis ao reconhecimento da ocorrência da fraude à lei diante da utilização de formas lícitas para atingir objectivo vedado pelo Direito.[156] Vale dizer: a utilização de formas lícitas e manipuladas para evitar a tributação consubstanciaria finalidade vedada pelo ordenamento, conquanto conforme à lei, razão pela qual poderia ser reconhecida a fraude à lei tributária, nos termos em que o Supremo Tribunal Federal anteriormente reconhecia.[157]

---

[156] Nas palavras de GERALDO ATALIBA (1978:264): "Diz Amílcar Falcão e a doutrina predominante na Alemanha: por meio de uma interpretação econômica, ou seja, por meio da consideração do significado econômico deste fato, o fisco combate – interpretando economicamente a situação – a fraude fiscal. Estamos de pleno acordo. Só que pensando tranquilamente sobre o assunto julgamos que não é preciso falar em interpretação econômica. Em primeiro lugar, porque vimos que a interpretação da hipótese de incidência é, puramente, jurídica; e em segundo lugar, que é, perfeitamente, lícita a interpretação econômica de um fato econômico e, desde que interpretado economicamente um fato (se ele for um fato econômico a interpretação tem que ser econômica) se se verificar que ele corresponde à hipótese legal, aplica-se a lei. Basta aplicar uma velhíssima teoria, que vem desde o direito romano, portanto de mais de dois mil anos, a teoria da fraude à lei. Quem obtém uma finalidade vedada pelo direito, ainda que por meios lícitos, comete o que se chama de *fraus legis* e se, no caso, essa lei dava uma pretensão pecuniária ao Estado, a justiça pode, perfeitamente, reconhecer a existência desta e promover a satisfação dessa pretensão do Estado. Desta forma, sem precisarmos falar em interpretação econômica – que está vinculada à teoria de Griziotti, que é uma concepção economista do direito – chegamos ao mesmo resultado e reconhecemos o valor da jurisprudência e doutrina alemãs, que Amílcar Falcão divulgou aqui no Brasil."

[157] V.g.: Recurso em Mandado de Segurança n.º 3.419/DF, julgado em 06.07.1956.

CAPÍTULO III

3.ª FASE: A CONSTITUIÇÃO FEDERAL DE 1988

III.1. Novas aspirações constitucionais

Em 1985, o General JOÃO BAPTISTA FIGUEIREDO, presidente da República, deixou o governo. Em seu lugar deveria assumir TANCREDO DE ALMEIDA NEVES, eleito de forma indirecta por um Colégio Eleitoral. Tendo este falecido pouco antes da posse, foi empossado no cargo JOSÉ SARNEY, vice-presidente. Concretizando a redemocratização do país, em 05.10.1988 foi promulgada uma nova Constituição da República. O novo texto, decorrente e gerador de profundas transformações institucionais e normativas, trouxe consigo a necessidade de romper com as velhas amarras e ultrapassar antigos dogmas.

O preâmbulo constitucional evidenciava o surgimento de um Estado Democrático, destinado a assegurar o exercício dos direitos sociais e individuais, a liberdade, a segurança, o bem-estar, o desenvolvimento, a igualdade e a justiça como valores supremos de uma sociedade.[158]

O art. 1.º indicou como fundamentos do Estado Democrático de Direito:

(i) a soberania;
(ii) a cidadania;

---

[158] Esta a redação do preâmbulo: "Nós, representantes do povo brasileiro, reunidos em Assembléia Nacional Constituinte para instituir um Estado Democrático, destinado a assegurar o exercício dos direitos sociais e individuais, a liberdade, a segurança, o bem--estar, o desenvolvimento, a igualdade e a justiça como valores supremos de uma sociedade fraterna, pluralista e sem preconceitos, fundada na harmonia social e comprometida, na ordem interna e internacional, com a solução pacífica das controvérsias, promulgamos, sob a proteção de Deus, a seguinte CONSTITUIÇÃO DA REPÚBLICA FEDERATIVA DO BRASIL."

(iii) a dignidade da pessoa humana;
(iv) os valores sociais do trabalho e da livre iniciativa;
(v) o pluralismo político.[159]

Logo após, no art. 3.º, foram elencados os objectivos fundamentais da República, quais sejam:

(i) construir uma sociedade livre, justa e solidária;
(ii) garantir o desenvolvimento nacional;
(iii) erradicar a pobreza e a marginalização e reduzir as desigualdades sociais e regionais;
(iv) promover o bem de todos, sem preconceitos de origem, raça, sexo, cor, idade e quaisquer outras formas de discriminação.[160]

O conjunto de fundamentos e objectivos do Estado Democrático de Direito, verdadeiras aspirações constitucionais, denuncia ao intéprete os valores encampados pelo Texto Constitucional, servindo como vector hermenêutico de todas normas constitucionais, nomeadamente as normas tributárias.

No âmbito tributário, naquilo que se relaciona ao presente trabalho, a Constituição Federal repetiu vetustos preceitos mas, também, trouxe algumas inovações importantes. Assim, o postulado da legalidade foi

---

[159] CF/88: Art. 1.º A República Federativa do Brasil, formada pela união indissolúvel dos Estados e Municípios e do Distrito Federal, constitui-se em Estado Democrático de Direito e tem como fundamentos:
    I – a soberania;
    II – a cidadania;
    III – a dignidade da pessoa humana;
    IV – os valores sociais do trabalho e da livre iniciativa;
    V – o pluralismo político. Parágrafo único. Todo o poder emana do povo, que o exerce por meio de representantes eleitos ou diretamente, nos termos desta Constituição.

[160] CF/88: Art. 3.º Constituem objetivos fundamentais da República Federativa do Brasil:
    I – construir uma sociedade livre, justa e solidária;
    II – garantir o desenvolvimento nacional;
    III – erradicar a pobreza e a marginalização e reduzir as desigualdades sociais e regionais;
    IV – promover o bem de todos, sem preconceitos de origem, raça, sexo, cor, idade e quaisquer outras formas de discriminação.

estatuído como uma limitação ao poder de tributar[161]-[162] e não como um princípio geral da tributação.[163] Por outro lado, instituiu a Constituição no §1.º do art. 145, com força de princípio geral da tributação, a

---

[161] CF/88:
TÍTULO VI – Da Tributação e do Orçamento
CAPÍTULO I – DO SISTEMA TRIBUTÁRIO NACIONAL
Seção II – DAS LIMITAÇÕES DO PODER DE TRIBUTAR
Art. 150. Sem prejuízo de outras garantias asseguradas ao contribuinte, é vedado à União, aos Estados, ao Distrito Federal e aos Municípios:
I – exigir ou aumentar tributo sem lei que o estabeleça;
II – instituir tratamento desigual entre contribuintes que se encontrem em situação equivalente, proibida qualquer distinção em razão de ocupação profissional ou função por eles exercida, independentemente da denominação jurídica dos rendimentos, títulos ou direitos;
III – cobrar tributos:
 a) em relação a fatos geradores ocorridos antes do início da vigência da lei que os houver instituído ou aumentado;
 b) no mesmo exercício financeiro em que haja sido publicada a lei que os instituiu ou aumentou;
 c) antes de decorridos noventa dias da data em que haja sido publicada a lei que os instituiu ou aumentou;
IV – utilizar tributo com efeito de confisco;
V – estabelecer limitações ao tráfego de pessoas ou bens, por meio de tributos interestaduais ou intermunicipais, ressalvada a cobrança de pedágio pela utilização de vias conservadas pelo Poder Público;
VI – instituir impostos sobre:
 a) patrimônio, renda ou serviços, uns dos outros;
 b) templos de qualquer culto;
 c) patrimônio, renda ou serviços dos partidos políticos, inclusive suas fundações, das entidades sindicais dos trabalhadores, das instituições de educação e de assistência social, sem fins lucrativos, atendidos os requisitos da lei;
 d) livros, jornais, periódicos e o papel destinado a sua impressão.

[162] Não obstante a consagração da "legalidade tributária", não olvidou o constituinte em outorgar ao chefe do Poder Executivo a competência para, à luz dos requisitos constitucionalmente estabelecidos, editar atos normativos com força de lei, inclusive em matéria tributária. Referido instrumento, previsto pelo art. 62 da Constituição Federal, foi denominado "Medida Provisória".

[163] Chama a atenção a diferenciação esquematizada pela Constituição Federal quanto aos princípios (capacidade contributiva, neutralidade concorrencial, uniformidade) e às limitações ao poder de tributar (legalidade, anterioridade, irretroatividade e vedação ao confisco). Enquanto os princípios têm natureza positiva, servindo de guia para ações do legislador e do intérprete, as limitações possuem natureza negativa, condicionando a ações do leg slador infraconstitucional. [cf. Marco Aurélio Greco (2004:197-198)].

obrigatoriedade de, sempre que for possível, serem instituídos impostos com caráter pessoal, graduados segundo a capacidade económica do contribuinte.

Mais importante, todavia, foi estabelecer no mesmo parágrafo, geminado ao princípio da capacidade contributiva, o poder-dever de "a administração tributária, especialmente para conferir efetividade a esses objetivos, identificar, respeitados os direitos individuais e nos termos da lei, o patrimônio, os rendimentos e as atividades econômicas do contribuinte."[164]

Diante do novo contexto normativo, caberia primeiramente à doutrina especificar o alcance das disposições, de interpretar as inovações jurídicas consoante as presentes aspirações constitucionais.

III.2. Ressurgimento da doutrina do abuso de direito

Lançando novos olhares sobre os princípios e regras constitucionais, sólida posição divergente sustentou a juridicidade do reconhecimento do abuso de direito em determinadas situações fiscais.

A premissa desta construção teórica residia no facto de ter a Constituição Federal, agregando novos valores e objectivos, configurado um Estado Democrático e Social de Direito, onde devem ser harmonizados, em termos tributários, os postulados da reserva de lei e liberdade dos

---

[164] CF/88:
TÍTULO VI – Da Tributação e do Orçamento
CAPÍTULO I – DO SISTEMA TRIBUTÁRIO NACIONAL
Seção I –DOS PRINCÍPIOS GERAIS
Art. 145. A União, os Estados, o Distrito Federal e os Municípios poderão instituir os seguintes tributos:
I – impostos;
II – taxas, em razão do exercício do poder de polícia ou pela utilização, efetiva ou potencial, de serviços públicos específicos e divisíveis, prestados ao contribuinte ou postos a sua disposição;
III – contribuição de melhoria, decorrente de obras públicas.
§ 1.º – Sempre que possível, os impostos terão caráter pessoal e serão graduados segundo a capacidade econômica do contribuinte, facultado à administração tributária, especialmente para conferir efetividade a esses objetivos, identificar, respeitados os direitos individuais e nos termos da lei, o patrimônio, os rendimentos e as atividades econômicas do contribuinte.

particulares, típicos de um Estado de Direito, com os valores da igualdade, solidariedade e justiça, inerentes a um Estado Social.[165]

Esta nova concepção deve irradiar seus efeitos sobre o entendimento dominante na doutrina brasileira quanto à existência de um direito de auto-organização dos negócios dos contribuintes dirigido à economia de tributos, sempre exercido antes da ocorrência do facto gerador e sem a ocorrência de simulação. Isso porque o reconhecimento dessa existência não soluciona correctamente a questão da elisão tributária. Sendo um direito, devem ser verificadas as condições para seu correspondente exercício. Assim, pode acontecer que mesmo em hipóteses onde se pratica a elisão mediante actos lícitos e anteriores ao facto gerador, sem haver simulação, a eficácia tributária estaria condicionada ao regular exercício desse direito de auto-organização. Em caso de abuso no exercício, os actos e negócios praticados não teriam eficácia perante o Estado, pois o abuso de direito se caracteriza pela distorção do equilíbrio entre as partes, pelo desvio de finalidade ou, ainda, pela frustração injustificada de norma incidente sobre a conduta praticada.[166] Fundamenta-se no facto de que o exercício de um direito individual não deve causar prejuízo à coletividade, sendo, portanto, limitado pelo interesse geral.[167]

Mesmo no direito civil a liberdade de contratar não é absoluta, sofrendo limitações das regras de ordem pública, dirigismo contratual e respeito às esferas jurídicas alheias. Portanto, não há razão para crer que a autonomia da vontade seja ilimitada apenas perante o Direito Tributário. O limite, no caso, seria a finalidade social da tributação e a solidariedade, previstas pela Constituição, sendo que essa finalidade não pode ser frustrada por motivos egoísticos. O dano não é apenas ao interesse arrecadatório do Estado, mas à própria coletividade.[168]

Havendo o abuso no direito de auto-organização, a conduta elisiva deve ser neutralizada em seus efeitos jurídicos e os actos ou negócios subjacentes ser requalificados pela Administração. Mas para se chegar à conclusão da ocorrência do abuso de direito, incumbe à Administração

---

[165] MARCO AURÉLIO GRECO (1994:94-95); MARIA LUÍZA VIANNA PESSOA DE MENDONÇA (1995:139).
[166] MARCO AURÉLIO GRECO (1994:97).
[167] MARCO AURÉLIO GRECO (1994:98); MARIA LUÍZA VIANNA PESSOA DE MENDONÇA (1995:140).
[168] MARIA LUÍZA VIANNA PESSOA DE MENDONÇA (1995:145-146). Refere a autora que, além de MARCO AURÉLIO GRECO, HERMES MARCELO HUCK e TÉRCIO SAMPAIO FERRAZ JÚNIOR comungam do mesmo entendimento.

comprovar cabalmente ter a conduta se guiado pelo fim exclusivo de se evitar a tributação.[169]

Sendo o tributo um instrumento vinculado à solidariedade social, assim como que o princípio da capacidade contributiva impõe a tributação geral e equitativa para todos àqueles que têm condição de contribuir para as despesas públicas, o acto abusivo é aquele praticado com a única finalidade de reduzir ou eliminar a carga tributária. Como a possibilidade de o contribuinte elidir o pagamento de tributos, mesmo através de meios lícitos, ofende o princípio da capacidade contributiva, pode a Administração requalificar os actos e negócios jurídicos praticados sem qualquer ofensa ao princípio da protecção à propriedade.[170]

Ressalta-se, entretanto, que o direito de auto-organização exercido com suporte em causas reais – e não apenas fiscais –, mirando objectivos justificáveis, será intacável pela Administração, mesmo que importe em diminuição da carga tributária devida.[171]

Essa construção doutrinária acerca do abuso de direito não ficou imune a críticas.[172] Argumentou-se que, na medida em que a empresa visa lucro, o planeamento tributário seria apenas mais um dos mecanismos utilizados para redução de encargos, visando melhorar os resultados da empresa. Como a tributação não é neutra, muitas vezes o legislador utiliza o tributo como instrumento indutor de comportamentos (extrafiscalidade). Por isso, teoricamente apresentam-se lícitos os comportamentos destinados à economia de imposto, pois é pacífico que ninguém é obrigado a escolher caminhos que sejam fiscalmente mais onerosos quando existam meios mais econômicos de ordenar suas actividades.[173] Em conseqüência, alegou-se que a teoria do abuso de direito impediria o particular de invocar seu direito de auto-organizar-se para pagar menos tributos ou não os pagar. Sendo legítima a faculdade de escolher determinada conduta, entre várias condutas lícitas, para pagar menos tributo, como negar, em tais casos, a escolha pelo caminho menos tributado?

---

[169] MARCO AURÉLIO GRECO (1994:99-100).
[170] MARCO AURÉLIO GRECO (1994:101); MARIA LUÍZA VIANNA PESSOA DE MENDONÇA (1995:148-150).
[171] MARCO AURÉLIO GRECO (1994:102).
[172] Inclusive a repetição de antigas críticas, como o facto de a teoria do abuso deixar ao arbítrio do intérprete decidir sobre os critérios da "normalidade" do ato, agredindo os postulados da segurança jurídica e certeza do Direito. [LUCIANO AMARO: 1995:51)].
[173] LUCIANO AMARO (1995: 45).

E nos casos em que o legislador estimula a adopção do caminho menos oneroso? A solução deveria ser a mesma, seja no caso do incentivo do Estado, seja no caso em que o Estado não quis ou esqueceu de incluir determinadas condutas na norma de incidência.[174]

Assim como estes argumentos, em linhas gerais as críticas passaram ao largo dos alicerces centrais da doutrina do abuso de direito, quais sejam, a nova configuração do Estado brasileiro e a necessidade de se harmonizar o direito de auto-organização com os valores sociais da tributação. Partiam de premissas justificáveis, mas negligenciavam os aspectos fundamentais da construção teórica apresentada.

III.3. Ainda a defesa da tipicidade tributária e da liberdade das formas

A doutrina evoluiu em alguns aspectos após a promulgação da Carta Constitucional. Superou, por exemplo, a antiga adopção do critério temporal como forma de diferenciar a elisão da evasão fiscal, pois, como é intuitivo, pode ser praticada a evasão antes da ocorrência do facto gerador, como no caso do contribuinte que deixa de emitir nota fiscal ou altera o valor da operação tributável (v.g. praticando sub-facturamento) e promove, em seguida, saídas de mercadorias do estabelecimento comercial ou industrial. Estaria consumada a evasão fiscal, sem embargo de a fraude ter ocorrido antes da ocorrência do facto gerador.[175]

Contudo, era de se esperar que, passado algum tempo após o fim da ditadura militar, com a promulgação de uma nova Constituição democrática, recheada de aspirações sociais, alguma influência fosse exercida sobre a doutrina, nomeadamente no que toca ao estudo da elisão fiscal. Afinal, entre outros motivos, além de a legalidade ter sido relegada topicamente à condição de regra, o Texto Constitucional, erigindo à condição de objectivo primordial do Estado a construção de uma sociedade livre, justa e solidária, foi exemplarmente taxativo quanto ao princípio geral de respeito à capacidade económica e ao poder-dever de a Administração velar pela sua aplicação.

Não foi, entretanto, o que se sucedeu. Em que pese o contexto mencionado, não se desvencilhou a doutrina tributária do apego precon-

---

[174] LUCIANO AMARO (1995: 51-52).
[175] Cf. ZELMO DENARI (1991: 343-344).

ceituoso e incondicional à tipicidade tributária e à liberdade absoluta das formas jurídicas na configuração dos negócios particulares.

É certo que, mediante o reconhecimento da relevância da *intentio facti* em detrimento da *intentio juris,* ou seja, do propósito negocial (*business purpose*), combinado com o estudo das cláusulas antielisivas sectoriais (v.g. art. 51 da Lei 7.750/85; art. 1.º, §4.º da Lei 7.713/88; art. 60 do Decreto-lei n.º 1.598/77), chegou-se mesmo a se sugerir a necessidade de uma cláusula-geral antielisiva (Generalklausel) que possibilitasse ao Fisco desconsiderar actos, negócios ou procedimentos elisivos e sujeitá-los à tributação mais gravosa.[176]

Mas a principal vertente dogmática apegava-se às supostas referências constitucionais a um "princípio da legalidade tributária", ou melhor, da denominada "estrita legalidade" mencionada por Alberto Xavier, assim como ao postulado da "tipicidade" (e conseqüentemente taxatividade e descrição normativa fechada) e impossibilidade de tributação por intermédio de conceito ou cláusula geral.

Em decorrência, doutrinariamente, perante a nova Constituição, os particulares mantiveram incólume a liberdade fiscal consistente na possibilidade de, mediante actos jurídicos válidos e lícitos, escolher a forma ou o negócio desonerado ou menos oneroso tributariamente, para realizar operações que, implementadas através de outros actos, gerariam conseqüências tributárias indesejadas.[177]

Sintetizando bem a concepção, tem-se que: "A busca pelo particular de economia tributária, mediante meios válidos e lícitos, consiste em elidir a incidência do imposto, ou como ensina Fábio FANUCCHI em seu Curso de Direito Tributário (Ed. Resenha Tributária, 1975, p. 300), 'consiste essencialmente na escolha do caminho mais econômico, sob o aspecto tributário, pelo qual o particular conduz os seus procedimentos potencialmente tributáveis; segundo, que ela só se legitima quando o particular, atingindo um mesmo resultado econômico, escolhe, em vez

---

[176] Cf. ZELMO DENARI (1991:345). Assinala, ainda, o autor: "Relevante para o direito tributário é o fato econômico, a *intentio facti*, ou – para usar expressão consagrada na jurisprudência americana – o *business purpose*. Se as formas jurídicas retratam uma *intentio juris*, que subverte a relação privatística em termos de orientação normativa, cumpre ao direito tributário abandoná-la: admitir o contrário chocaria contra a natureza do fato gerador, que é econômica e não jurídica, bem como contra a fonte da relação jurídica tributária, que é exclusivamente a lei e não a manifestação das pares." (1991: 348)

[177] APOCALYPSE, Sidney Saraiva. *Negócio jurídico indireto – inexistência de simulação.* São Paulo: Revista de Direito Tributário n.º 59, pp. 196-198.

de forma jurídica tributada, uma outra forma jurídica, legítima e não tributada, ou menos gravosamente tributada; terceiro, que a escolha do caminho mais econômico se faça antes da prática do ato caracterizador de fato gerador de obrigação tributária'." [178]

A lei tributária, como entendida por essa doutrina, deveria prever categórica e exaustivamente todos os elementos necessários ao nascimento da obrigação tributária, de modo que a actividade do aplicador da lei possa ser automaticamente deduzida, livre de qualquer consideração subjetiva.

O novo direito constitucional brasileiro, consoante leitura realizada com lentes vinculadas a concepções pretéritas, albergaria a possibilidade de o cidadão tirar vantagens fiscais na ausência de lei expressa que contemple tais conseqüências, sendo função do Legislador – e nunca do Juiz ou do Administrador – reprimir a evasão em razão de lacunas.[179]

III.4. Novas interpretações das disposições da Lei n.º 5.172/66

Visto que a interpretação das novas disposições constitucionais não alterou substancialmente a doutrina sobre a elisão fiscal, cabe referir, da mesma forma, a existência de mudança de foco na intepretação das normas do Código Tributário Nacional, sem, entretanto, modificar-se os resultados alcançados. Mudaram-se os argumentos, permanecendo intangível a conclusão de que a Lei n.º 5.172/66 consagra a prevalência dos institutos, conceitos e formas de direito privado.

Em se tratando do tema relativo à modificação dos conceitos de direito privado utilizados pela norma tributária, de acordo com o disposto nos artigos 110[180] e 109,[181] sufragou-se o entendimento de que o primeiro

---

[178] APOCALYPSE, Sidney Saraiva. *Negócio jurídico indireto – inexistência de simulação*. São Paulo: Revista de Direito Tributário n.º 59, pp. 197-198.

[179] APOCALYPSE, Sidney Saraiva. *Negócio jurídico indireto – inexistência de simulação*. São Paulo: Revista de Direito Tributário n.º 59, p. 198.

[180] CTN: Art. 110. A lei tributária não pode alterar a definição, o conteúdo e o alcance de institutos, conceitos e formas de direito privado, utilizados, expressa ou implicitamente, pela Constituição Federal, pelas Constituições dos Estados, ou pelas Leis Orgânicas do Distrito Federal ou dos Municípios, para definir ou limitar competências tributárias.

[181] CTN: Art. 109. Os princípios gerais de direito privado utilizam-se para pesquisa da definição, do conteúdo e do alcance de seus institutos, conceitos e formas, mas não para definição dos respectivos efeitos tributários.

preceito cuida de matéria relativa à definição de competência e não de interpretação. Pelo artigo, é possível concluir que a norma altere o conteúdo dos conceitos de direito privado (e também dos conceitos de direito público), desde que não sejam utilizados para definição de competência. Tal preceito não autoriza nem obriga o intérprete ou aplicador da lei a modificar a forma ou a substância dos actos ou negócios para fim de lhes atribuir as mesmas consequências tributárias de outros actos ou negócios referidos pela lei tributária.

No que tange ao art. 109, vingou o entendimento que dele não exsurge a autorização para que o intérprete da lei tributária abandone a formulação jurídica adotada pela norma para reconstruir, tributariamente, o acto ou negócio praticado. Para essa doutrina, a intenção do legislador seria a de que os institutos de direito privado sejam interpretados a partir do instrumental técnico fornecido pelo direito privado. Por isso que os conceitos privados "importados" pela lei tributária não poderiam sofrer qualquer modificação ou deformação, devendo ser analisados em seu conteúdo e alcance à luz do direito privado. Não sendo conceito utilizado para definição de competência, poderia a lei tributária alterar os conceitos e institutos de direito privado expressamente – entendimento que resulta da conjugação de ambos artigos referidos[182] e que foi acolhida pelo Supremo Tribunal Federal no julgamento plenário do Recurso Extraordinário n.º 116.121-3/SP.[183]

---

[182] LUCIANO AMARO (1995:47-48).

[183] O julgamento ocorreu em 11.10.2000, tendo a decisão sido publicada no Diário da Justiça I de 23.10.2000, p. 2, nos seguintes termos: "Decisão: O Tribunal, por unanimidade, conheceu do recurso extraordinário pela letra c, e, por maioria, vencidos os Senhores Ministros Octávio Gallotti (Relator), Carlos Velloso (Presidente), Ilmar galvão, Nelson Jobim e Maurício Corrêa, deu-lhe provimento, declarando, incidentalmente, a inconstitucionalidade da expressão 'locação de bens móveis' constante do item 79 da lista de serviços a que se refere o Decreto-Lei n.º 406, de 31 de dezembro de 1987, pronunciando, ainda, a inconstitucionalidade da mesma expressão 'locação de bens móveis', contida no item 78 do §3.º do artigo 50 da Lista de Serviços da Lei n.º 3.750, de 20 de dezembro de 1971, do Município de Santos/SP. Redigirá o acórdão o Senhor Ministro Marco Aurélio. Plenário, 11.10.2000." Do voto do Relator extrai-se que: "Em síntese, há que prevalecer a definição de cada instituto, e somente a prestação de serviços, envolvido na via direta o esforço humano, é fato gerador do tributo em comento. Preavalece a ordem natural das coisas cuja força surge insuplantável; prevalecem as balizas constitucionais e legais, a conferirem segurança às relações Estado-contribuinte; prevalece, alfim, a organicidade do próprio Direito, sem a qual tudo será possível no agasalho de interesses do Estado, embora não enquadráveis como primários." [*apud* GABRIEL LACERDA TROIANELLI (2002:97-98)]

Considerando-se ainda que o instrumental técnico do direito privado deve ser utilizado para pesquisa da definição, conteúdo e alcance de seus institutos, conceitos e formas, mas não para definição dos efeitos tributários, teria tencionado dizer o legislador que muitos dos princípios (v.g. inversão do ônus da prova na relação de consumo), presunções (v.g. nulidades no direito do trabalho) e critérios de interpretação que direcionam certos ramos do direito privado não se aplicariam à relação tributária subjacente.[184] Assim sendo, não resultaria do art. 109 que os actos e negócios privados devam ser redefinidos por princípios fiscais, com abstração da forma e substância que possuem. Para LUCIANO AMARO: "Não se concebe que o dispositivo fosse obrigar o intérprete tributário a utilizar os princípios do Direito Privado para pesquisar a definição, o conteúdo e o alcance de certo instituto de Direito Privado (por exemplo, a compra e venda) apenas para, concluído esse trabalho, atirá-lo ao lixo." [185]

Não se negou – nem isso seria razoável – poder a lei tributária referir a um instituto de Direito Privado e outorgar efeitos tributários iguais a outros institutos de Direito Privado. Seria cabível, por exemplo, eleger a sucessão causa mortis como facto gerador de tributo e outorgar os mesmos efeitos tributários à doação de ascendente para descendente. Negava-se, entretanto, poder o intéprete realizar interpretação conducente a esse resultado. Perante o Código Tributário Nacional, não poderia o intérprete modificar ou substituir o instituto de Direito Privado referido pela norma tributária. "Se, por exemplo, a incidência é menos onerosa na alienação do que na doação ou na transmissão *mortis causa*, o fisco não pode, diante da venda de imóvel pelo pai ao próprio filho, alegar que, para efeitos tributários, a operação deve ser considerada como doação, sob o pretexto de que o pai é idoso e enfermo e o filho é herdeiro necessário do preço de venda. Nem pode a fiscalização, caso o pai doe o imóvel ao filho, que, posteriormente, venha a aliená-lo, alegar que o pai é que vendeu o imóvel, doando o produto da venda ao filho (situação que, fiscalmente, seria mais onerosa, sob o ângulo da legislação do IR), com apoio em que, *economicamente*, as duas situações são equivalentes. A recíproca é verdadeira. Quem vendeu imóvel a seu filho não pode pretender a não-incidência do imposto sobre o ganho de capital apurado com o argumento de que o filho é herdeiro necessário e, portanto, a operação deveria, fiscalmente, ter o tratamento de uma suces-

---

[184] LUCIANO AMARO (1995: 48-49).
[185] LUCIANO AMARO (1995: 49).

são *causa mortis*, na qual, à vista da legislação hoje vigente, inexiste a incidência daquele tributo."[186]

Resumindo, ao estender a previsão de determinado facto para abarcar outro economicamente equivalente estaria sendo ferida a previsão abstrata posta na lei (princípio da reserva de lei) e, contra regras expressas, utilizando-se a analogia para tributar. E a invocação do princípio da capacidade contributiva não sustenta validamente a posição contrária, pois o imposto sobre transmissão de imóveis, por exemplo, não pode incidir sobre a venda de uma jóia apenas porque tal bem teria valor equivalente ao de um imóvel. Já o princípio da legalidade apenas poderia ser invocado pela parte prejudicada pelo tratamento anti-isonômico da legislação, nunca pelo intérprete como razão para tributar.[187]

A única forma segura para se distinguir entre a evasão e a economia de imposto seria valer-se do critério da licitude dos meios utilizados. No caso da simulação, por exemplo, onde o facto real é mascarado pela forma, poderia o Fisco reconhecer os efeitos tributários do negócio concretamente realizado, sem atenção à forma simulada. E isso somente à luz das circunstâncias do caso concreto. De outro lado, tencionando o legislador outorgar a condutas diferentes os mesmos efeitos tributários, deve assim dispor de modo expresso, sem deixar margem para o intérprete exercer a ilegal tarefa de estender o tributo a situações não previstas.[188]

III.5. Lacuna doutrinária

A doutrina tributária no período entre a promulgação da Constituição Federal de 1988 e o advento da Lei Complementar n.º 104/2001 não se ocupou muito da análise da elisão fiscal. Parecia estar sepultada qualquer forma de afronta à legalidade tributária, tal como vinha se entendendo e passou a ser o entendimento dominante na vigência da nova Carta Constitucional. Mesmo as construções doutrinárias acerca da capacidade contributiva silenciaram, em sua maioria, sobre a segunda parte do dispositivo constitucional que contemplava referido princípio.[189]

---

[186] LUCIANO AMARO (1995:49-50).
[187] LUCIANO AMARO (1995:50).
[188] LUCIANO AMARO (1995:53).
[189] Não se quer dizer, com isso, que o tema peremptoriamente não foi abordado. O facto é que, na pesquisa feita, com suas naturais limitações, muito pouco se encontrou acerca da análise desta segunda parte do dispositivo. REGINA HELENA COSTA (1996: 88),

A omissão doutrinária não se justifica.[190] Entendido correctamente, consubstancia-se o §1.º do art. 145 no mais importante factor de legitimação das cláusulas antielisivas especiais, em geral, e da

como exceção, limitou-se a afirmar que: "Ainda, o mesmo dispositivo faculta à Administração tributária, para alcançar os objetivos da personalização e da gradaução dos impostos, identificar, respeitados os direitos individuais e nos termos da lei, 'o patrimônio, os rendimentos e as atividades econômicas do contribuinte'. Estes são os verdadeiros indicadores de capacidade contribuitva, os quais, obviamente, só poderão ser verificados com a observância aos direitos individuais e à lei. Parece-nos que, também neste ponto, mais feliz era o texto de 1946, o qual, por não abrigar detalhamento próprio de lei infraconstitucional, ganhanva em concisão e técnica, visto que essa cláusula final, além de nada acrescentar em termos de poder-dever à administrção tributária, é também aplicável aos chamados impostos de natureza real." Mais recentemente FERNANDO AURÉLIO ZILVETI (2004:260-264) analisou mais detalhadamente a segunda parte do §1.º do art. 145 para averbar que: "Diante disso, o mandamento descrito no artigo 145, §1.º, tem aplicação restrita para o legislador, na criação de novos tributos. A não ser que a tecnologia crie um fato de conteúdo econômico não compreendido entre aqueles existentes, o legislador terá, nesse artigo, competeência relativamente pequena. Restaria a diretriz para o administrador aplicar o princípio da capacidade contributiva, tendo ''como obrigação 'conferir efetividade a esses objetivos, identificar, respeitados os direitos individuais e nos termos da lei o patrimônio, os rendimentos e as atividades econômicas do contribuinte'. O administrador, entretanto, não pode identificar outros fatos tributáveis, por meio da investigação do contribuinte, que não aqueles previstos em lei, sob pena de ferir o princípio da legalidade." Por fim, KIYOSHI HARADA (2005:380-381) entende que a segunda parte do referido dispositivo "apesar de inegavelmente ligada ao princípio da personalização dos impostos graduados segundo a capacidade econômica do contribuinte, representa mera reprodução em nível constitucional de normas esparsas preexistentes, que atribuem ao fisco o poder de investigar as atividades e bens dos contribuintes. Outrossim, a faculdade outorgada ao fisco pelo citado preceito constitucional visa, também, auxiliar no processo de fiscalização e arrecadação tributária não se esgotando na finalidade de preservar a observância do preceito aí mencionado."

[190] Entre outros autores, não trataram especificamente do tema: JOSÉ MAURÍCIO CONTI, *Princípios Tributários da Capacidade Contributiva e da Progressividade,* São Paulo: Dialética, 1997; AMÉRICO LOURENÇO MASSET LACOMBE, *Princípios Constitucionais Tributários,* São Paulo: Malheiros, 2.ª edição, 2000, pp. 27-44; HUMBERTO EUSTÁQUIO CÉSAR MOTA FILHO, *Introdução ao Princípio da Capacidade Contributiva,* Rio de Janeiro: Forense, 2006; EDILSON PEREIRA NOBRE JÚNIOR, *Princípio Constitucional da Capacidade Contributiva,* Porto Alegre: Sérgio Antônio Fabris Editor, 2001, com exceção das páginas 44-45, embora com outra interpretação; HUGO DE BRITO MACHADO, *Os Princípios Jurídicos da Tributação na Constituição de 1988,* São Paulo: Dialética, 4.ª edição, 2001; SACHA CALMON NAVARRO COÊLHO, *Curso de Direito Tributário Brasileiro,* Rio de Janeiro: Forense, 6.ª edição, 2002; ZELMO DENARI, *Curso de Direito Tributário,* São Paulo: Atlas, 8.ª edição, 2002; YOSHIAKI ICHIHARA, *Direito Tributário,* São Paulo: Atlas, 9.ª edição, 2000; LUIZ FELIPE SILVEIRA DIFINI, *Manual de Direito Tributário,* São Paulo: Saraiva, 2003; ROQUE ANTONIO CARRAZA, *Curso de Direito Constitucional Tributário,* São Paulo: Malheiros, 17.ª edição, 2002.

cláusula geral antilelisiva, em particular.[191] Com efeito, dispõe a Constituição que:

> Art. 145. (...)
>
> § 1.º – Sempre que possível, os impostos terão caráter pessoal e serão graduados segundo a capacidade econômica do contribuinte, facultado à administração tributária, especialmente para conferir efetividade a esses objetivos, identificar, respeitados os direitos individuais e nos termos da lei, o patrimônio, os rendimentos e as atividades econômicas do contribuinte.

A contrário da antiga redacção constitucional sobre a capacidade contributiva,[192] o legislador constituinte irmanou ao princípio da capacidade contributiva o poder-dever de a Administração, para fazer valer o comando constitucional, quando da aplicação da norma tributária e respeitando os direitos individuais, colocar a descoberto o património, rendimentos e actividades económicas praticadas pelos contribuintes.

O constituinte não poderia ter sido mais claro. Referindo-se à capacidade económica dos contribuintes, como destino da incidência tributária, determinou que a Administração conferisse efectividade a esse comando constitucional. E é muito significativa a alusão à Administração, pois cabe a esta a interpretação com vistas à aplicação da norma tributária. Justamente por isso, concedeu-lhe o poder-dever de identificar os factos geradores dos impostos em geral, quais sejam, património, renda e actividades económicas. Identificar, no contexto, apenas pode ter o sentido de reconhecer ou descobrir referidos factos geradores, os quais não seriam imediatamente aferíveis ou identificáveis. Isso porque seria evidente desatino incumbir a Administração de identificar a renda ou propriedade de determinado contribuinte quando tais factos geradores de impostos estivessem cabalmente identificados pela própria Administração ou, como sói acontecer, pelo próprio contribuinte. Obviamente que não. A determinação constitucional diz respeito às situações em que o contribuinte não mostrou correctamente seu património, renda ou actividade económica, cabendo então à Administração, quando da aplicação da lei

---

[191] Para uma interessante proposta de aplicação deste dispositivo relativamente à quebra do sigilo bancário pelo Fisco, vide: VITTORIO CASSONE, *Sigilo Bancário: Critério de Interpretação Constitucional,* Revista de Estudos Tributários, ano IX, n.º 55, maio-junho de 2007, pp.84-97.

[192] CF/1946: Art 202 – Os tributos terão caráter pessoal, sempre que isso for possível, e serão graduados conforme a capacidade econômica do contribuinte.

tributária, identificar correctamente tais factos geradores e exigir o tributo devido. Identificação que deverá ser feita com respeito aos direitos individuais, como o devido processo legal e contraditório. Não se coaduna com o dispositivo qualquer entendimento tendente a incluir no espectro dos direitos individuais a liberdade absoluta das formas jurídicas, uma vez que é justamente a ardorosa defesa desse "direito" a principal causa de frustração do princípio da capacidade económica. Trata-se simplesmente da frustração que o atento legislador constituinte tencionou evitar.

Em que pese a clareza do dispositivo e todas as suas possíveis conseqüências no regramento e estudo da elisão fiscal, sobre ele a doutrina, legislador e jurisprudência se mantiveram – e continuam – absolutamente silentes.

CAPÍTULO IV

4.ª FASE: A DOUTRINA SOBRE ELISÃO FISCAL APÓS O ADVENTO DA LEI COMPLEMENTAR N.º 104/2001

IV.1. O advento da Lei Complementar 104/2001

A nova ordem constitucional instalada com a Constituição Federal de 1988 paulatinamente fez desabrochar posições doutrinárias condizentes com a realidade social e tributária vigente – não apenas no Brasil, mas no mundo civilizado.

Aos poucos, parte da doutrina tributária começou a perceber que o Executivo goza de legitimidade democrática tanto quanto o Legislativo, não mais podendo ser considerado o "inimigo número um"[193] das liberdades, como se entendia no século XIX e anteriores. Começou a perceber, ainda, que a configuração jurídica de um Estado de Direito, com as garantias da legalidade, certeza e segurança jurídica, não é exclusividade – tampouco invenção – do gênio constituinte brasileiro,[194] nem tem o alcance propugnado pela vetusta *communis opinio doctorum*. Que a tributação é um jogo de soma zero, onde a actividade dos espertalhões em contornar licitamente a lei tributária acarreta, além da distorção da concorrência no mercado,[195] a necessidade de o Estado buscar recursos necessários de outros contribuintes, sendo o acto elisivo, em verdade, um acto lesivo dos valores subjacentes ao ordenamento tributário.[196] Que longe de ser uma invasão injustificada do Príncipe no património dos

---

[193] A expressão é de José Casalta Nabais (1994:227).
[194] Ricardo Lodi Ribeiro (2001:148).
[195] J. L. Saldanha Sanches (1996:111).
[196] Ver sobre o assunto: J. L. Saldanha Sanches (2000:62); J. Taborda da Gama (1999:289-316).

cidadãos de bem, quase espoliação, o tributo nada mais significa que uma parcela de dinheiro que todos os habitantes (com capacidade económica) do condomínio estatal devem entregar para um fundo comum de manutenção deste condomínio.[197] Entrega esta autoconsentida – razão para se falar em legalidade tributária, à qual implica em previsibilidade ou determinabilidade acerca dos elementos essenciais dos requisitos normativos para surgir a obrigação de contribuir, e não numa estrutura conceitualmente hermética que possibilita toda sorte de condutas destinadas a contorná-la.

Bem por isso, a segurança jurídica actual deve ser entendida como contraposto à ausência de normas (= arbítrio) e a certeza do direito também pode ser entendida, sob a ótica isonómica, como a expectativa de que a norma será aplicada a todos. Argumentar o contrário, articulando-se com esclerosadas concepções sobre segurança jurídica e certeza do Direito, seria admitir que países como os Estados Unidos da América, Inglaterra ou República Federal da Alemanha não possuem a referida "segurança jurídica" e "certeza do direito" em matéria de tributação.[198] Soa, como é óbvio, evidente absurdo.[199]

Neste contexto de idéias, o Presidente da República encaminhou ao Congresso Nacional (onde recebeu o n.º 77/99), por intermédio da Mensagem n.º 1.459, de 07.10.1999, projecto de lei complementar visando alterar o Código Tributário Nacional no sentido de incluir uma cláusula antielisiva inspirada no modelo francês.[200] A "Exposição de Motivos" do Projecto de Lei Complementar n.º 77, subscrito pelo Ministro da Fazenda, era taxativo e categórico ao asseverar que: "A inclusão do parágrafo único do art. 116 faz-se necessária para estabelecer, no âmbito da legislação brasileira, norma que permita à autoridade tributária desconsiderar atos ou negócios jurídicos praticados com a finalidade de elisão, constituindo-se, dessa forma, um instrumento eficaz para o combate aos

---

[197] ADAM SMITH (1999:484-486).
[198] Vide item I.1, *retro*.
[199] Sobre a segurança jurídica, ver: J. L. SALDANHA SANCHES (1984:284 e ss.).
[200] Tem-se, pois, que em França "o art. 1.741 do Code Général des Impôts cria sanções para quem tenha 'volontairement dissimulé une part des sommes sujettes à l'impôt'. O art. 64 do Livre des Procedures Fiscales cuida da repressão ao abuso de direito (répression des abus de droit), ao prever que não podem ser opostos à administração dos impostos os atos que dissimulam a verdadeira compreensão de um contrato ou de uma convenção (qui dissimulent la portée véritable d'un contrat ou d'une convention); a Administração fica autorizada a requalificar os fatos (L'Administration est en droit de restituer son véritable caractère à l'opération litigieuse)." [Cf. RICARDO LOBO TORRES (2005:22)].

procedimentos de planejamento tributário praticados com abuso de forma ou de direito."

ALBERTO XAVIER, chamado para se manifestar perante o órgão legislativo sobre o referido projecto de lei, consignou seu absoluto inconformismo quanto à inclusão de norma antielisão, visto ser "a negação do princípio da legalidade da tributação, da mesma forma como, no Direito Criminal, seria inviável alguém ser punido pela aplicação analógica do Código Penal. Isso só aconteceu em dois regimes em que foi permitida a analogia em Direito Criminal: no Regime Nacional Socialista e no Código Penal Soviético. Só conheço essas duas experiências. No Direito Tributário, o caso é exatamente idêntico. A doutrina fala de *nullum tributum sine lege*, da mesma forma que *nullum crimen sine lege*. Todas essas cláusulas não passam de um expediente de aplicação analógica que é a destruição da segurança jurídica. Duvido que haja no mundo moderno dos negócios, que são operações extremamente sofisticadas, que envolvem instrumentos financeiros complexos, uma operação que não tente alguém de menos boa-fé dizer: 'isso foi feito com a finalidade de dissimular'. Deixamos de ter qualquer garantia, qualquer segurança. Trata-se de um dispositivo espúrio, incompatível com o princípio da legalidade e incompatível com o próprio Código Tributário Nacional, que proíbe a analogia. Então, também se trata de uma matéria contra a qual devemos estar extremamente prevenidos."[201]

Não obstante, o Deputado ANTÔNIO CAMBRAIA, relator do projecto de lei, disse, durante a sessão de julgamento, logo no início dos debates, tratar-se tipicamente "da inserção, no Código Tributário Nacional de uma norma geral antielisão. Procura-se evitar ou minorar os efeitos do chamado planejamento tributário das empresas, das suas tentativas de elisão que produzam o esvaziamento da sua capacidade contributiva, com quebra da isonomia em muitos casos e com efeitos na concorrência. O parágrafo único do art. 16 do PLP n.º 77, de 1999, é amplo e ambicioso. Dará consideráveis poderes de interpretação e decisão ao fisco, armando-o de instrumentos legais contra a elisão e também contra tentativas de sonegação fiscal. Assim, é justificável o parágrafo único proposto no art. 116 do CTN."[202]

---

[201] Transcrito de documento fornecido pelo Departamento de Taquigrafia da Câmara dos Deputado relativo à audiência pública na Comissão de Constituição e Justiça em 02.02.2000, p.16. [*apud* GABRIEL LACERDA TROIANELLI (2002:88)]

[202] Transcrito de documento fornecido pelo Departamento de Taquigrafia da Câmara dos Deputado relativo à Sessão Extraordinária ocorrida em 06.12.2000, p. 792. [*apud* GABRIEL LACERDA TROIANELLI (2002:88)]

O Deputado ANTÔNIO PALOCCI, justificando a medida, asseverou que "Em particular, quanto à norma antielisão, é uma necessidade para o Brasil, porque, mais do que nunca, o setor que mais cresce em matéria tributária no País é o do planejamento fiscal. E o planejamento fiscal não cresce em função da criação da justiça fiscal, da progressividade dos impostos, da valorização dos mais pobres. Planejamento fiscal se dá principalmente em defesa dos grandes setores da economia, em particular do capital financeiro, dos que têm mais condições de fazer planejamento fiscal e pagar menos impostos. Por isso, a norma antielisão é necessária no Brasil. Se esta norma estiver na forma da lei, teremos um instrumento para fazer com que sua aplicação não seja uma arbitrariedade da autoridade tributária no sentido de impedir que o cidadão se utilize do seu direito de pagar imposto segundo o que a Constituição estabelece e não segundo a imposição da autoridade tributária."[203]

Guiado por essa finalidade explícita, foi o projeto devidamente discutido e aprovado pela maioria absoluta dos membros da Câmara dos Deputados e do Senado Federal,[204] ficando assim composto o 116 do Código Tributário Nacional:

> Art. 116. Salvo disposição de lei em contrário, considera-se ocorrido o fato gerador e existentes os seus efeitos:
>
> I – tratando-se de situação de fato, desde o momento em que se verifiquem as circunstâncias materiais necessárias a que produza os efeitos que normalmente lhe são próprios;
>
> II – tratando-se de situação jurídica, desde o momento em que esteja definitivamente constituída, nos termos de direito aplicável.
>
> Parágrafo único. A autoridade administrativa poderá desconsiderar atos ou negócios jurídicos praticados com a finalidade de dissimular a ocorrência do fato gerador do tributo ou a natureza dos elementos constitutivos da obrigação tributária, observados os procedimentos a serem estabelecidos em lei ordinária.[205]

---

[203] Transcrito de documento fornecido pelo Departamento de Taquigrafia da Câmara dos Deputado relativo à Sessão Extraordinária ocorrida em 06.12.2000, p. 809. [apud GABRIEL LACERDA TROIANELLI (2002:90)]

[204] CF/88: Art. 69. As leis complementares serão aprovadas por maioria absoluta.

[205] Apesar de aludir à possibilidade de a autoridade administrativa "desconsiderar", o que pressupõe actividade interpretativa, a disposição transcrita encontra-se topograficamente inserida no "Título II – Obrigação Tributária", sob o "Capítulo II – Fato Gerador", e não no âmbito do "Título I – Legislação Tributária", ou mais especificamente em seu "Capítulo IV – Interpretação e Integração da Legislação Tributária".

O transcrito dispositivo ensejou o surgimento de cinco vertentes doutrinárias[206] sobre sua eficácia e alcance:

(i) uma primeira corrente sustenta a inconstitucionalidade do parágrafo único do art. 116, por afronta ao princípio da legalidade e, em consequência, ao princípio da tipicidade;
(ii) outra corrente afirma não haver qualquer aplicação prática, nada tendo inovado no ordenamento jurídico;
(iii) na linha de uma terceira corrente, alguns autores defendem a consagração normativa da figura da fraude à lei em matéria tributária;
(iv) uma quarta corrente foi formada com o entendimento de que o dispositivo trata de situações diversas da fraude à lei e abuso de direito, podendo, eventualmente, abrangê-las.

Uma interpretação possível, conquanto ainda não abordada, seria entender a proibição completa do planejamento tributário, concedendo poderes à Adminstração praticar a interpretação econômica (ou funcional) das normas tributárias e exigir tributo por analogia, não podendo mais os contribuintes se aproveitarem das lacunas do sistema impositivo.[207]

Cumpre examinar mais detidamente as referidas correntes doutrinárias.

---

[206] ANDRÉ LUIZ DE CARVALHO ESTRELLA (2001:211-212), relativamente ao parágrafo único do art. 116 do CTN, aponta a existência de 3 correntes de pensamento: 1.°) sob o fundamento que dissimulação significa simulação relativa, nega qualquer efeito ao referido comando normativo, já que a hipótese de simulação tem previsão expressa no art. 149 do CTN; 2.°) capitaneada por Ives Gandra Martins, essa segunda corrente defende a inconstitucionalidade do dispositivo por afronta ao princípio da legalidade estrita; 3.°) a terceira corrente prevê a possibilidade de duas situações geradas pelo dispositivo. Uma primeira situação seria a existência de uma norma geral antielisiva, cabendo aos membros da Federação elaborarem os procedimentos para o reconhecimento da elisão. A outra situação diz respeito à instituição de uma norma antielisiva de forma genérica, deixando aos entes da Federação elaborarem normas antielisivas específicas, contendo a lista de negócios inoponíveis ao Fisco. No primeiro regime, deve a elisão ser decidida no caso concreto. No segundo regime, cada lei disporia taxativamente sobre as hipóteses em que se reconheceria abstratamente a elisão, cabendo ao intérprete reconhecê-la mediante a obervância de determinados pressupostos.

[207] Cf. MARCIANO SEABRA DE GODOI (2001:104).

IV.2. Reacção dos defensores da tipicidade tributária

Como visto nos capítulos anteriores, a concepção de que o princípio da legalidade, em sua abrangência tributária, implica na tipicidade, ou seja, na necessidade de a norma prever exaustiva e taxativamente todos os elementos suficientes e necessários ao nascimento da relação jurídico--tributária, demarcando um campo livre de tributação para o particular, deixou de ser uma construção doutrinária para se transformar, na segunda fase da evolução da doutrina sobre elisão fiscal, em autêntico dogma jurídico, verdade absoluta que não admite argumento em contrário. E a situação era favorável a essa transformação, pois se mostra razoável que, num período ditatorial, marcado pela supressão das liberdades públicas, a doutrina se aferrasse energicamente a eventuais argumentos jurídicos em defesa destas mesmas liberdades e de uma pretensa segurança jurídica e certeza do direito.[208]

Esta forma de entender a incidência da norma tributária transformou o direito fiscal numa "espécie de faroeste jurídico, em que praticamente todo o tipo de comportamento oportunista tem de ser tolerado desde que seja conforme com uma intepretação formalista estrita das disposições fiscais relevantes e que o legislador não tenha expressamente tomado medidas para impedir esse comportamento."[209]

Tendo prosperado durante o regime ditatorial, sobreviveu à transição democrática e ao período de amadurecimento, reflexão e assimilação dos novos valores constitucionais pela comunidade jurídica.

---

[208] As seguintes palavras de MISABEL ABREU MACHAO DERZI (2002:224) sobre o tipo tributário servem como exemplo: "O tipo propriamente dito, por suas características, serve mais de perto aos princípios jurídicos como o da igualdade-justiça individual, o da funcionalidade e permeabilidade às mutações sociais. Em compensação, com o seu uso, enfraquece-se a segurança jurídica, a certeza, a legalidade como fonte exclusiva de criação jurídica e a uniformidade. O conceito determinado e fechado (tipo fechado no sentido impróprio), ao contrário, significa um reforço à segurança jurídica, à primazia da lei, à uniformidade no tratamento dos casos isolados, em prejuízo da funcionalidade e adaptação da estrutura normativa às mutações sócio-económicas."

[209] Transcrição extraída do item 77 das Conclusões do Advogado-Geral Miguel Poiares Maduro, apresentadas em 07.04.2005, junto ao Tribunal de Justiça da Comunidade Europeia, relativamente aos processos:
    (i) C-225/02: Halifax plc Leeds Permanent Development Services Ltd, Couty Wide Property Investments Ltd contra Comissioners of Customs and Excise;
    (ii) C-419/02: Bupa Hospitals Ltd, Goldsborough Developments Ltd contra Comissioners of Customs and Excise;
    (iii) C-223/03: University of Huddersfield Higher Education Corporation contra Comissioners of Customs and Excise.

Não sem espanto, entretanto, observa-se que em pleno século XXI, quando todos os países desenvolvidos do mundo adotam cláusulas antielisivas – e nem por isso deixam de lado a legalidade tributária e a segurança jurídica –, sobrevive na doutrina brasileira o argumento de que é inconstitucional, por afronta ao princípio da legalidade tributária, a norma prevista no parágrafo único do art. 116 do Código Tributário Nacional, proposta, votada, aprovada e sancionada para combater a elisão fiscal. O fundamento jurídico utilizado para se propugnar pelo reconhecimento da inconstitucionalidade do referido parágrafo único é sempre o mesmo argumento formalista, qual seja, o malferimento do princípio da estrita legalidade tributária (e seus consectários) adoptado pela Constituição Federal.[210]

O argumento já não faz tanto sentido. A rigor, "como bem observado por RICARDO LOBO TORRES, a utilização das expressões *tipicidade 'fechada', legalidade 'estrita',* e *reserva 'absoluta' de lei*, não derivam da nossa Constituição, mas de construção de nossa doutrina, embalada por razões mais ideológicas que científicas."[211]

A legalidade tributária prevista pela Constituição como limitação ao poder de tributar – e não como princípio –, não oblitera a adoção de cláusula antielisiva pelo legislador. A legalidade proíbe se exigir tributo sem lei que o estabeleça, afrontando-se, desse modo, o vetusto princípio do autoconsentimento da tributação. Sua função primordial sempre foi evitar o arbítrio. Não se extrai desse corolário uma permissão geral para se furtar ao pagamento de tributos mediante a utilização de artifícios jurídicos e violação de verdadeiros princípios tributários

---

[210] Assim, por exemplo: IVES GANDRA DA SILVA MARTINS (2002-a) (2002-b:123); EDVALDO BRITO (2002:73); SACHA CALMON NAVARRO COELHO (2002:304) e SIDNEY SARAIVA APOCALYPSE (2002:308). FÁBIO ZYLBERT (2002:38) resume bem o posicionamento: "Neste tema emerge com solar clareza o insuperável Ives Gandra da Silva Martins pela inconstitucionalidade da norma *in quaestio*, a qual me filio: 'Ora, o que a norma antielisão pretendeu foi afastar o art. 150, I, da Constituição que impõe que a exigência fiscal decorra de lei – pretendeu conferir ao Poder Executivo e, principalmente, ao agente fiscal, o direito de 'desconsiderar a lei aplicada' e 'criar' lei individual a ser aplicada a cada hipótese que desejar, sob a alegação de que teria havido, em cada uma, o desejo do contribuinte de pagar menos tributos, utilizando-se de 'mecanismos legais'."

[211] TORRES, Ricardo Lobo. *Direitos Fundamentais do Contribuinte. In:* Direitos Fundamentais do Contribuinte. Pesquisas Tributárias – Nova Série – n.º 6 (Coordenador: IVES GANDRA DA SILVA MARTINS). São Paulo: Editora Revista dos Tribunais, 2000, p. 185. [*apud* RICARDO LODI RIBEIRO (2003:38)].

constitucionais, como o princípio da capacidade contributiva. Mesmo porque, aquele que pratica actos elisivos, quando alega em sua defesa a "tipicidade fechada das normas tributárias", não está pretendendo garantir qualquer segurança jurídica ou certeza do Direito, mas apenas e tão--somente furtar-se ao dever fundamental de pagar tributos consoante a respectiva capacidade contributiva. Obviamente que a isso não se presta a invocação.

Agregue-se, ademais, que qualquer referência a uma "tipicidade fechada", decorrente da legalidade e infensa a uma interpretação finalista, sequer se sustenta dogmaticamente, por ser a descrição tipológica da conduta humana, para configuração de facto gerador de tributo, estrutura aberta à aplicação teleológica do Direito (Karl Engisch).[212]

De resto, diga-se que a própria Constituição Federal impõe à Administração Tributária, especialmente para conferir efectividade ao princípio da capacidade contributiva, "identificar, respeitados os direitos individuais e nos termos da lei, o patrimônio, os rendimentos e as atividades econômicas do contribuinte."[213] Identificar, entenda-se, quando da aplicação da lei tributária, visando impedir a elisão fiscal, não permitindo que sob um disfarce jurídico se oculte a verdadeira identidade do facto gerador do tributo.

Muitos dos doutrinadores, aferrados à defesa da legalidade tributária, nos termos expostos, orientaram-se dogmaticamente no sentido de nulificar a inovação legislativa, sem se comprometerem com a tese de inconstitucionalidade do dispositivo.

IV.3. Nulificação da inovação legislativa

Intuindo significado ou, ainda, apegando-se a significados de "dissimulação" ofertados pelos dicionários e, inclusive, apanhados no contexto da jurisprudência, entendem alguns autores que o legislador, ao tratar da dissimulação, em verdade referiu-se à simulação, motivo pelo qual a nova lei nada – ou muito pouco – teria acrescentado ao tratamento

---

[212] Cf. RICARDO LODI RIBEIRO (2003:34).

[213] CF/88: Art. 145. § 1.º – Sempre que possível, os impostos terão caráter pessoal e serão graduados segundo a capacidade econômica do contribuinte, facultado à administração tributária, especialmente para conferir efetividade a esses objetivos, identificar, respeitados os direitos individuais e nos termos da lei, o patrimônio, os rendimentos e as atividades econômicas do contribuinte.

da matéria, já que a simulação, como forma de se perpetrar evasão fiscal, há muito se encontra reprimida pelo Código Tributário Nacional.[214]

O argumento revela-se frágil. Não é crível nem razoável escolher, entre várias interpretações possíveis de uma norma, justamente aquela que tem em mira reconhecer sua esterilidade e inocuidade. *Mutatis mutandis,* cabe ao caso a advertência do Ministro FRANCISCO REZEK, quando do julgamento do Recurso Extraordinário n.º 134.509 (julgamento concluído em 25.09.2002) no sentido de que "se espera do tributarista que ele nos diga não 'aquilo que pensa sobre o significado das palavras' a partir do dicionário, mas que estude e explique 'o histórico do tributo' e os dados sobre sua realidade fática e normativa que cercam a figura tributária."[215]

Assim, inicialmente devem ser destacados os motivos e finalidade que guiaram o legislador a instituir a norma. O legislador, embora suficientemente informado acerca da posição doutrinária contrária à cláusula geral antielisiva, posição essa muito bem defendida por ALBERTO XAVIER,[216] aprovou o projecto (pela maioria absoluta dos membros do Congresso Nacional) e incluiu no Código Tributário o parágrafo único do art. 116, destinado primordialmente a combater a elisão fiscal.

Conquanto haja um corte hermenêutico separando a *mens legislatoris* da *mens legis,*[217] um olhar crítico sobre este vetusto dogma permite

---

[214] Neste sentido: GUSTAVO DA SILVA AMARAL (2004:99); GABRIEL LACERDA TROIANELLI (2002:102); JOÃO FRANCISCO BIANCO (2002:158); JOSÉ EDUARDO SOARES DE MELO (2002:172); MISABEL ABREU MACHADO DERZI (2002:218); RICARDO MARIZ DE OLIVEIRA (2002-a:258 e 278); DANIELA VICTOR DE SOUZA MELO (2001:65-65); EDMAR DE OLIVEIRA ANDRADE FILHO (2001:33); JOSÉ EDUARDO SOARES DE MELO (2001:178); LUCIANO AMARO (2005:234); MARIA RITA FERRAGUT (2001:118-119); PAULO DE BARROS CARVALHO (2002:271); PAULO ADYR DIAS DO AMARAL (2002:88-89); HELENO TAVEIRA TÔRRES (2001:128); HUGO DE BRITO MACHADO (2004:439 e 439).

[215] Cf. MARCIANO SEABRA DE GODOY (2006:13).

[216] As informações prestadas por Alberto Xavier podem ser encontradas em documento fornecido pelo Departamento de Taquigrafia da Câmara dos Deputado relativo à audiência pública na Comissão de Constituição e Justiça em 02.02.2000, p.16. [*apud* GABRIEL LACERDA TROIANELLI (2002:88)]

[217] RUBENS GOMES DE SOUZA (1975:365), revela certa perplexidade sobre referida cisão: "A dicotomia entre a mens legis e a mens legislatoris repousa sobre a premissa de que, uma vez editada a lei, ela adquire uma existência própria e autônoma, obviamente não no plano normativo, mas no plano intelectual da interpretação, diversa ou independente, não necessariamente oposta, mas também não necessariamente vinculada à intenção que teria tido o seu autor. Confessamos, dentro das nossas limitações, que nunca conseguimos entender como um texto, que por natureza é uma formulação abstrata para

perceber que muitos cientistas do direito, a pretexto de estarem realizando ciência, acabam por deformar, deturpar e até mesmo anular as palavras da lei, frustrando-a em sua aplicação, mesmo quando resta sobejamente evidenciado que a razão primordial da existência da norma é diamentralmente oposta à determinada manifestação doutrinária, não raro impregnada de ideologia e mascarada como intepretação sistemática. No caso vertente, embora não se deva emprestar ao histórico legislativo elevada carga valorativa, não se mostra razoável simplesmente ignorar ou desconsiderar de forma absoluta as razões do legislador.[218]

A assertiva acima reverbera nas disposições normativas em vigor. Por algum motivo, o próprio Código Tributário Nacional, em diversas oportunidades, vale-se do termo simulação (arts. 149, VII; 150, §4.º, 154, parágrafo único; 155, I), consagrando-o com um significado jurí-

---

aplicar-se a hipóteses quando estas se verifiquem em concreto, possa adquirir uma vida própria e independente da orientação mental que lhe deu origem. Afinal a lei (e por força dos nossos pecados talvez melhor do que ninguém saibamos disto) é um produto de um esforço mental humano. Por isso, ninguém mais que o próprio legislador, atuado por um mínimo que seja de espírito científico e não por um espírito de egolatria, deve estar consciente de que lei, como um produto do engenho humano, tem todos os defeitos decorrentes das limitações deste engenho. Isto é mais corretamente expressado pelo mesmo Geny, quando diz que a lei não é o produto de uma suposta consciência coletiva, mas de uma mentalidade do legislador, dentro das suas próprias contingências, das variáveis existentes no momento e das forças que tenha atuado sobre a situação a decidir e a orientação a dar à decisão, que num determinado momento e lugar, se congregam para formar a mens legislatoris."

[218] MARCIANO SEABRA DE GODOI (2001:104). A propósito, explica KARL LARENZ (1997:465-466): "Como fontes de conhecimento das ideias normativas das pessoas envolvidas na preparação e redacção da lei, entram em consideração, em primeiro lugar, os diferentes projectos, as actas das comissões de assessoria e as exposições de motivos juntas aos projectos e, para as ideias das pessoas envolvidas no próprio acto legislativo, as actas das sessões parlamentares. Estes testemunhos hão-de por sua vez interpretar-se tendo como pano de fundo o entendimento linguístico da época, assim como a doutrina e jurisprudência de então, sempre que os autores da lei as quiserem expressamente admitir ou foram manifestamente por elas influenciadas, bem como da situação normativa que ao legislador de então se deparava, quer dizer, aqueles dados reais de que ele quis dar conta. É este o ponto em que as indagações históricas, do sentido mais amplo, se convertem em meio auxiliar da interpretação jurídica. (...) As mesmas fontes de conhecimento servem também para averiguar da intenção reguladora e dos fins do legislador. Sempre que estes não sejam já evidentes a partir da própria lei, de um preâmbulo, das disposições introdutórias, das epígrafes, do contexto significativo da lei e das decisões valorativas daí resultantes. Uma regulação pode com frequência ter racionalmente só um único fim."

dico específico, qual seja, o significado do vocábulo normalmente utilizado em direito privado. Afigura-se, então, no mínimo relevante reconhecer inexistir a identidade conceitual pretendida com o termo dissimulação, nunca dantes utilizado.[219]

Averbe-se, ademais, que se por um lado muitos dos dicionários empregam o termo "dissimulação" como sinónimo de "simulação", por outro lado, não é menos verdade que referido vocábulo ("dissimulação") não é unívoco, razão pela qual praticamente todos os dicionários também atribuem ao termo significados diversos, como ocultar, encobrir e disfarçar.[220] E não poderia ser diferente. Apesar de semelhantes, os vocábulos possuem, no mais das vezes, significados divergentes. Veja-se, por exemplo, que as expressões "simulação de vôo" ou "simulação de incêndio" jamais poderão ser confundidas com "dissimulação de vôo" ou "dissimulação de incêndio".[221]

Transplantando, portanto, esta última concepção linguística para o âmbito da norma, exsurge poder a autoridade administrativa desconsiderar determinados actos ou negócios jurídicos practicados com a finalidade de disfarçar (= mascarar, ocultar) a ocorrência do facto gerador do tributo ou a natureza dos elementos constitutivos da obrigação tributária.

Por este prisma, e tendo-se em conta a racionalidade que necessária e obrigatoriamente deve ser reconhecida à inovação legislativa levada a efeito pela Lei Complementar n.º 104, afigura-se recomendável não ignorar a finalidade social da norma, a qual guiou sua elaboração,[222] nem lhe emprestar interpretação nulificadora de seu conteúdo semântico.

---

[219] Sintetizando os argumentos, assevera RICARDO LOBO TORRES (2005:24): "(...) a) não tem peso argumentativo concluir-se que o Congresso Nacional, legitimamente eleito, teria se reunido para votar lei inócua, que repetiria a proibição de simulação já constante do CTN (arts. 149, VII e 150, § 4.º); b) não faz sentido admitir-se que a lei inócua foi votada por engano ou por ignorância, já que a Mensagem que encaminhou o projeto se referia expressamente à necessidade de introdução da regra antielisiva no ordenamento jurídico brasileiro; (...)"
[220] Por todos, vide transcrições constantes em: GUSTAVO DA SILVA AMARAL (2004:99). No mesmo sentido: MARCO AURÉLIO GRECO (2004:414).
[221] MARCIANO SEABRA DE GODOI (2001:110).
[222] Cumpre recordar, neste particular, as palavras do Ministro Pedro Lessa (Supremo Tribunal Federal): "Para conseguirmos êsse fim, estudamos a significação dos têrmos, de que se serviu o legislador (elemento gramatical); analisamos as idéias contidas na lei, conciliando uma com as outras, e fazendo de tôdas elas um conjunto harmônico e bem compreensível (elemento lógico); investigamos o estado de direito, ao tempo em que a lei foi promulgada e os fatos históricos que determinaram a formulação do novo

IV.4. Abuso de direito e fraude à lei

A parcela da doutrina favorável ao reconhecimento da existência do "abuso de direito" em matéria tributária ganhou fôlego após a promulgação da Constituição Federal de 1988 (ver item III.2.). Em linhas gerais, o abuso de direito no âmbito tributário sempre foi compreendido como conduta do contribuinte consistente na prática de actos ou negócios jurídicos admitidos por lei, ao invés de realizar os actos ou negócios formalmente previstos pela norma tributária, com a exclusiva finalidade de se furtar à aplicação da referida norma, obtendo os mesmos resultados económicos. Há algum tempo resta superada a noção segundo a qual o abuso de direito exigiria, em matéria tributária, uma finalidade emulativa específica. Percebe-se, assim, que o que se entendia por abuso de direito coincide com a noção de fraude à lei tributária, tendo inclusive alguns autores aludido ao abuso de direito como género e a fraude à lei como espécie.[223]

A fraude à lei, consoante clássica concepção, ocorre quando uma norma de cobertura é utilizada para impedir a incidência de uma outra norma, que restará fraudada. No âmbito tributário, em termos gerais, traduz-se pela atitude do contribuinte em se valer da liberdade negocial para arrumar seus negócios, mediante meios jurídicos desvirtuados em sua essência ou finalidade, de forma a poder escapar da incidência da norma impositiva, diminuir ou impedir o surgimento do dever tributário.[224]

---

preceito (elemento histórico); tendo em atenção, afinal, o conjunto das instituições e regulamentos jurídicos, vigentes no país, relacionamos a lei com tôdas as demais normas do direito, subordinando-a ao sistema geral da legislação (elemento sistemático). Todo êste vasto trabalho mental tem um fim prático: reconstruir o pensamento do legislador, para bem aplicar a lei, para cumprir a determinação, para obedecer à vontade do legislador." [*apud* ALÍPIO SILVEIRA (1968:407)].

[223] RICARDO LODI RIBEIRO (2003:145-146).

[224] "Atualmente a doutrina moderna já superou as críticas no sentido de que seria essencial ao conceito de 'fraude à lei' que a norma objeto da fraude fosse uma norma proibitiva (que determinasse a ilicitude do fim prosseguido) ou uma norma preceptiva que consentisse a realização do fim só com a adoção de uma determinada forma. O conceito, hoje, pode ser tomado como cláusula geral aplicável a todos os casos de elisão normativa. Para verificar a evolução do conceito, vale a leitura da obra de UMBERTO MORELLO, Frode alla legge, Milano:Giuffré, 1969. Nesse sentido: LEITÃO, Menezes (*op. cit.*, p. 25, 34). Como registra Rosembuj, Tulio (*op. cit.*, p. 69): '*el fraude de ley puede cometerse no sólo con respecto a la norma prohibitiva, sino, también a la imperativa, en cualquier de sus formulaciones.*' Na mesma direção, GALLO, Franco (*Elisão, economia*

Dito de outro modo, a concepção do instituto da fraude à lei pressupõe a existência de duas normas: "a) uma norma imperativa de tributação que se considera indesejada à qual o contribuinte não quer se submeter (a norma contornada); e b) uma norma ou uma ausência de previsão expressa, que o contribuinte utiliza para evitar a norma contornada (a norma de contorno)."[225]

A fraude à lei não consubstancia uma violação directa à lei, mas uma afronta ao seu espírito. Nas palavras de ONOFRE ALVES: "Na atividade *contra legem,* verifica-se uma infração frontal e aberta a uma norma, ao passo que na *fraude à lei* não se ataca especificamente a norma fraudada, mas se realizam negócios jurídicos tendentes a substituir tal norma, para que em seu lugar se aplique outra, que favoreça os resultados que se desejam. Trata-se, assim, de uma vulneração oblíqua a uma norma proibitiva ou imperativa, inderrogável pela vontade das partes, no caso do Direito Tributário, a norma de incidência tributária. A fraude à lei, assim, pressupõe uma *circunvolución de la ley,* ou como enfatiza Diez Picazo, se *'uiliza um medio indirecto para eludir la aplicación de la norma, tratando de amparar-se en outra ley que sólo de manera aparente protege o ato realizado'.*"[226]

Como restou evidenciado nos capítulos anteriores, o Supremo Tribunal Federal, em diversas oportunidades, consagrou a possibilidade do reconhecimento da ocorrência de fraude à lei (*fraus legis*) em matéria

---

de imposto e fraude à lei. Trad. ZELMO DENARI, Revista de Direito Tributário, ano 14, n. 52, p. 7-18, abr./jun./1990): ' [...] *o instituto da fraude à lei não deve ser considerado somente em função das normas proibitivas – estou convencido de que as normas imperativas materiais também podem ser objeto de fraude, quer se trate de normas institutivas de deveres, proibições, ônus, ou ainda imperativos condicionados – v.g. ocorrido certo pressuposto tributário, nasce o dever constitucional de pagar o tributo'.*" [ONOFRE ALVES BATISTA JÚNIOR (2002-b:221, nota 20)]. No mesmo sentido, MARCO A. GRECO repele o entendimento de Alberto Xavier no sentido de que a fraude à lei não poderia ser aplicada em matéria tributária porque a norma que institui o tributo não é proibitiva. Sustenta que toda norma proibitiva é imperativa, mas nem toda norma imperativa é proibitiva. A qualificação de "proibitiva" relaciona-se a certo conteúdo específico, ao passo que a qualificação de "imperativa" remete à contraposição às normas "dispositivas", ou seja, normas que cuja aplicação consubstancia faculdade do sujeito. As normas imperativas, como as normas tributárias, implicam na existência de efeitos jurídicos independentemente da vontade dos destinatários, podendo ser contornadas. [Cf. MARCO AURÉLIO GRECO (2004:221-222)].

[225] MARCO AURÉLIO GRECO (2004:219).
[226] ONOFRE ALVES BATISTA JÚNIOR (2002-a:24-25).

tributária.²²⁷ A doutrina, pelo contrário, não se mostrou muito encorajada à defesa deste posicionamento nas décadas anteriores à promulgação da Constituição Federal. O advento da Lei Complementar n.º 104 e a inclusão de uma cláusula antielisiva no ordenamento ressuscitaram o debate acerca do planeamento fiscal e, em conseqüência, sobre a fraude à lei em matéria tributária, tendo parte da doutrina entendido a inovação legislativa introduzida pela Lei Complementar n.º 104 como norma de combate à fraude à lei.²²⁸

De acordo com essa parte da doutrina, o parágrafo único do art. 116 do Código Tributário Nacional permitiria que a Administração desconsiderasse negócios jurídicos, praticados sob os auspícios da liberdade negocial, quando pela sua análise restasse comprovada a dissimulação do facto gerador do tributo devido. Duas perspectivas, entretanto, foram alvitradas para a ação administrativa.

Uma primeira perspectiva parte do pressuposto de haver sido instituída regra autorizando o emprego da analogia para o afastamento da fraude à lei *lato sensu*.²²⁹ Argumenta-se que a analogia não cria direito *ex novo*, sendo simples desenvolvimento dos princípios existentes no ordenamento jurídico. Embora a analogia seja autorizada pelo art. 4.º da Lei de Introdução ao Código Civil – LICC,²³⁰ a doutrina dominante repele sua utilização não em razão do princípio da legalidade, mas por exigência de uma segurança jurídica reforçada, vale dizer, do "princípio da tipicidade". Assim, "o que a norma geral antielisão crava é a admissão da aplicação da analogia, em terreno estritamente limitado, com os devidos cuidados, em situações de ofensa desarrazoada a princípios tri-

---

²²⁷ Por todos: "Imposto de Renda. Seguro de vida feito pelo contribuinte para furtar-se ao pagamento do tributo. Fraude à Lei. Além da primeira categoria de fraude à lei, consistente em violar regras imperativas por meio de engenhosas combinações cuja legalidade se apóia em outros textos, existe uma segunda categoria de fraude no fato do astucioso que se abriga atrás da rigidez de um texto para fazê-lo produzir resultados contrários ao seu espírito. O problema da fraude à lei é imanente a todo ordenamento jurídico, que não pode ver, com indiferença, serem ilididas, pela malícia dos homens, as suas imposições e as suas proibições. Executivo fiscal julgado procedente." (Recurso Extraordinário n.º 40518, Relator Ministro Luis Gallotti, julgado em 19.05.1961, Tribunal Pleno, publicado no Diário da Justiça de 27.11.1961, p. 416).

²²⁸ V.g.: Fábio Junqueira de Carvalho e Maria Isabel Murgel (2002:81-83); Marciano Seabra de Godoi (2001:120); Onofre Alves Batista Júnior (2002-a:24-25).

²²⁹ Onofre Alves Batista Júnior (2002-b:238).

²³⁰ LICC: art. 4.º. Quando a lei for omissa, o juiz decidirá o caso de acordo com a analogia, os costumes e os princípios gerais de direito.

butários, em substituição ao ineficaz e inviável mecanismo de soluções casuísticas por ação do legislador. Não está a norma atribuindo qualquer poder tributário discricionário à AP, mas apenas estabelecendo que, em situações de ofensa ao núcleo duro de princípios constitucionais reitores da tributação, em situações de desarrazoada injustiça e desigualdade, a incidência da norma tributária se verifica."[231]

O argumento dogmático central para fundamentar essa concepção é distinção feita por NORBERTO BOBBIO entre "normas particulares inclusivas", "normas gerais exclusivas" e "normas gerais inclusivas". No caso de uma lacuna, pode-se lançar mão das normas gerais exclusivas, hipótese que o caso não regulamentado será resolvido de maneira oposta ao que está regulamentado pela norma, ou das normas gerais inclusivas, situação em que o caso não regulamentado será solucionado tal qual o caso regulamentado. A partir desta concepção, sustenta-se que até o advento da cláusula antielisiva o Direito Tributário era regulado por uma norma geral exclusiva (art. 108, §1.º),[232] permitindo-se aos contribuintes fugir da tributação, aproveitando-se das lacunas no ordenamento, mediante qualquer manobra elisiva atentatória. Com a adoção de uma norma geral inclusiva, cristalizada no parágrafo único do art. 116 do Código Tributário Nacional, funcionalizou-se os tipos tributários, de modo que, em situações de fraude à lei *lato sensu*, aplica-se ao caso a regra de incidência análoga, dando origem ao surgimento do tributo. A tipicidade, desse modo, recuaria em favor de outros valores constitucionais.[233] Todavia, muito embora tenha ocorrido o facto gerador do tributo, mascarado pelos "actos ou negócios elisivos atentatórios", a exigibilidade do crédito tributário apenas poderia ocorrer após a autoridade administrativa provar a intenção dissimulatória do contribuinte.[234] Em outras palavras,

---

[231] ONOFRE ALVES BATISTA JÚNIOR (2002-b:239-240).

[232] CTN: Art. 108. Na ausência de disposição expressa, a autoridade competente para aplicar a legislação tributária utilizará sucessivamente, na ordem indicada:
I – a analogia;
II – os princípios gerais de direito tributário;
III – os princípios gerais de direito público;
IV – a eqüidade.
§ 1.º O emprego da analogia não poderá resultar na exigência de tributo não previsto em lei.
§ 2.º O emprego da eqüidade não poderá resultar na dispensa do pagamento de tributo devido.

[233] ONOFRE ALVES BATISTA JÚNIOR (2002-b:240-241).
[234] ONOFRE ALVES BATISTA JÚNIOR (2002-b:242-243).

a incidência passa a ser simultânea da norma tributária com a norma antielisiva, permitindo que a Administração recupere tributo subtraído do Erário, observando os procedimentos legais. O facto gerador ocorre mesmo quando o contribuinte utilize actos ou negócios em fraude à lei *lato sensu*, devendo o Fisco, comprovada a intenção fraudatória, desconsiderar os actos e negócios utilizados para mascarar o facto gerador.[235]

A linha argumentativa, entretanto, não convence. O novo diploma não autoriza a utilização da analogia, tampouco ao instituto é preciso se socorrer. Se o facto gerador do tributo efectivamente ocorreu, mas estava "disfarçado" (= dissimulado), o argumento analógico é prescindível, pois a lei deverá ser aplicada ao facto efetivamente ocorrido, embora mascarado. Caso fosse necessário aplicar a lei a um facto não previsto, seria cabível falar em analogia. Essa, contudo, não é a hipótese ventilada pela norma.

Neste contexto, mais consentânea ao dispositivo se encontra uma outra perspectiva, perfilhada pelos doutrinadores que reconhecem na inovação legislativa uma arma jurídica para combater a fraude à lei tributária. Consiste em vincular ao vocábulo "dissimulação", correctamente entendido no sentido de "disfarce", "máscara", à concepção de norma de cobertura. O disfarce utilizado pelo contribuinte sobre o facto gerador do tributo seria a forma dos actos ou negócios jurídicos praticados em fraude à lei.

Mas como saber quando o particular utiliza um disfarce jurídico para encobrir a realidade? Como poderá o aplicador da lei saber se o particular praticou uma elisão tributária (considerando o pressuposto de que o art. 116 não proscreveu a elisão), ou seja, escolheu um caminho lícito para chegar ao mesmo resultado económico com uma menor carga tributária? Para tanto, deve-se analisar a finalidade do dispositivo (avançar no combate ao planeamento ilegítimo) e o carácter sistemático de sua inserção no Código.

Respondendo estas perguntas, por intermédio de uma actividade interpretativa "minimamente criadora" em relação ao dispositivo, conclui MARCIANO SEABRA DE GODOI que foi introduzida no ordenamento uma técnica jurídica de combater o planeamento tributário sem que seja necessário recorrer à interpretação económica e à analogia. Assim, segundo o autor, "quando o contribuinte, com intuito de fugir à configuração do fato gerador para chegar aos mesmos resultados econômicos com uma

---

[235] ONOFRE ALVES BATISTA JÚNIOR (2002-a:36).

menor pressão fiscal (ou mesmo sem qualquer pressão fiscal), se utiliza de atos ou negócios jurídicos de uma forma artificiosa, distorcida e em clara contradição jurídica (e não econômica, *nota bene*) com o espírito da lei que os configura, então teremos um comportamento de 'dissimular' a ocorrência do fato gerador e os atos e negócios jurídicos serão os disfarces que caberá desconsiderar, para efeitos de aplicação da norma tributária e independentemente dos efeitos privados criados pelos atos ou negócios. Como na prática não é nada fácil diferenciar um caso de dissimulação de um caso de elisão pura e simples, o legislador complementar exige que a lei ordinária defina um procedimento especial (que certamente há de contemplar a participação do contribuinte) para que se chegue de um forma refletida e ponderada à conclusão de que houve fraude à lei e não propriamente elisão do tributo."[236]

O cerne da argumentação radica-se na possibilidade de se desconsiderar manobras jurídicas artificiosas perpetradas pelo contribuinte para dissimular a ocorrência do facto gerador. Bem por isso, no que tange aos negócios praticados sem um efetivo propósito negocial, sustenta GODOI que o conceito de "dissimular o fato gerador" não guarda conexão suficiente com a chamada ausência de propósitos negociais. A dissimulação se verificaria a partir da análise global da estrutura dos negócios praticados pelo contribuinte, ou seja, se a estruturação dos negócios, a partir de formas jurídicas de direito privado, ocorreram de forma artificiosa apenas para atingir vantagens fiscais. Isso não significa que o contribuinte não possa planejar seus negócios, movido exclusivamente por motivos fiscais, sem que perpetre a dissimulação. Por exemplo, nada tem de ilícito o facto de um indivíduo que queira doar determinada quantia, sabendo que o imposto de doação é progressivo, o faça em duas ou três vezes, em determinado espaço de tempo, não podendo ser desconsideradas tais doações, a não ser por lei específica.[237]

Por fim, anote-se entender o autor que essa interpretação:

(i) respeita a finalidade da inovação legislativa (combate ao planeamento fiscal);
(ii) não afronta o princípio da legalidade tributária e as regras de interpretação contidas no Código Tributário Nacional (carácter sistemático da interpretação);

---

[236] MARCIANO SEABRA DE GODOI (2001:111-112).
[237] MARCIANO SEABRA DE GODOI (2001:111-112).

(iii) preserva a liberdade patrimonial de indivíduos e empresas, permitindo a subsistência da elisão fiscal como instrumento de economia tributária, vez que nem toda economia se baseia na deformação e artificialização de actos e negócios jurídicos;
(iv) também teria o respaldo de estar presente, com determinadas variantes, nas legislações espanhola, alemã, francesa e italiana.[238]

Todos os benefícios da interpretação mencionados são correctos e justificáveis a partir das premissas adoptadas. A única restrição mais séria a se fazer é que a aplicação da nova norma não está limitada às hipóteses de fraude à lei em matéria tributária.

IV.5. Solução alternativa

Ficou consignado no item III.5 que o §1.°, do art. 145 da Constituição Federal,[239] legitima a existência da cláusula antielisiva no direito tributário brasileiro. E mais. Impõe que leitura da referida cláusula – ora consubstanciada pelo parágrafo único do art. 116 do Código Tributário Nacional – seja feita à sua mercê, no sentido de garantir a efectividade do carácter pessoal e da graduação conforme a capacidade económica do contribuinte, mediante a necessária e inafastável identificação do facto gerador do tributo quando da aplicação da lei pela administração tributária. Também como se viu (itens IV.3 e IV.4), o termo "dissimulação", correctamente entendido, inclusive pela interpretação sistemática, teleológica e histórica, não se confunde com "simulação", devendo ser considerado no sentido de disfarçar, encobrir ou mascarar a ocorrência do facto gerador ou dos elementos constitutivos da obrigação tributária.

O problema a ser solvido, em termos hermenêuticos, diz respeito à conjugação dos dispositivos da Lei Complementar n.° 104, de 10.01.2001, em vigor a partir de 11.01.01, com as modificações operadas pelo Código Civil (Lei n.° 10.406 de 10.01.2002), cuja entrada em vigor se deu em 11.01.2003.

---

[238] MARCIANO SEABRA DE GODOI (2001:116-117).

[239] CF/88: Art. 145. (...) § 1.° – Sempre que possível, os impostos terão caráter pessoal e serão graduados segundo a capacidade econômica do contribuinte, facultado à administração tributária, especialmente para conferir efetividade a esses objetivos, identificar, respeitados os direitos individuais e nos termos da lei, o patrimônio, os rendimentos e as atividades econômicas do contribuinte.

Na vigência do Código Civil anterior, não resultava claramente da lei – tampouco do ordenamento jurídico – qual o tratamento a ser dispensado aos casos de abuso de direito e fraude à lei. Na melhor das hipóteses, entendia-se que o abuso de direito e a fraude à lei não eram estritamente ilícitos, mas antijurídicos, por ofenderem princípios ínsitos ao ordenamento.

Como aquele Código Civil considerava ilícito o acto simulado, podendo ser requerida a respectiva anulabilidade, a discussão centrava-se na possibilidade de o Fisco realizar o lançamento de ofício, consoante o art. 149, VII,[240] do Código Tributário Nacional, ou, por outro lado, no dever de requerer em juízo o reconhecimento da nulidade, nos termos do art. 105 do Código Civil.[241]

Sustentava-se, ainda, que os actos ou negócios praticados com abuso de direito ou em fraude à lei, à falta de sanção expressa e por não decorrerem de simulação, não poderiam ser desconsiderados pela administração tributária em razão de não ostentarem o labéu da ilicitude. Sob uma outra perspectiva, dizia-se que tais actos ou negócios estavam amparados na esfera de liberdade negocial dos particulares, sendo, portanto, lícitos.

Analisada por esse ângulo a inovação legislativa introduzida pela Lei Complementar n.º 104, decorre a conclusão de que o dispositivo autoriza a autoridade administrativa desconsiderar os actos ou negócios que, sem configurarem simulação, disfarcem licitamente a ocorrência do facto gerador do tributo ou os elementos constitutivos da obrigação tributária. Seria o caso, obviamente, dos actos ou negócios praticados em fraude à lei ou com abuso de direito.

O actual Código Civil, entretanto, sendo posterior à Lei Complementar n.º 104, trouxe duas disposições importantes sobre a matéria. Primeiramente, imputou a sanção da nulidade ao negócio jurídico que tiver por objectivo fraudar lei imperativa (art. 166, VI)[242], como são as leis tributárias. Caso o negócio jurídico nulo contenha os "requisitos de

---

[240] CTN: Art. 149. O lançamento é efetuado e revisto de ofício pela autoridade administrativa nos seguintes casos: (...) VII – quando se comprove que o sujeito passivo, ou terceiro em benefício daquele, agiu com dolo, fraude ou simulação;(...).

[241] CC/1916: Art. 105. Poderão demandar a nulidade dos atos simulados os terceiros lesados pela simulação, ou os representantes do poder público, a bem da lei, ou da Fazenda.

[242] CC/2002: Art. 166. É nulo o negócio jurídico quando: (...) VI – tiver por objetivo frau lar lei imperativa; (...).

outro, subsistirá este, quando o fim a que visavam as partes permitir supor que o teriam querido, se houvessem previsto a nulidade" (art. 170). Em segundo lugar, considerou ilícito o acto jurídico practicado com abuso de direito (art. 187).[243]

Sendo assim, mesmo os negócios em fraude à lei ou praticados com abuso de direito poderiam ser desconsiderados pelo Fisco em razão das sanções impingidas pela lei civil. Mas antes, à falta de previsão legal semelhante à do art. 149, VII, do Código Tributário, seria necessário ao Fisco requerer judicialmente o reconhecimento da nulidade para, após, efetuar ou rever o lançamento tributário.

Todavia, uma vez que o art. 145, §1.º, da Constituição, faz *tabula rasa*, e o art. 116, parágrafo único, não distingue, a concretização do comando constitucional exige a desconsideração dos actos ou negócios jurídicos dissimulados practicados (em fraude à lei, com abuso de direito, incluindo-se, eventualmente, o negócio indirecto). Pelo artigo 116, parágrafo único, basta que os actos ou negócios jurídicos estejam sendo utilizados para encobrir, lícita ou ilicitamente, a ocorrência do facto gerador do tributo ou os elementos constitutivos da obrigação tributária, para nascer a obrigação de a autoridade administrativa desconsiderá-los, nos termos do procedimento estabelecido em lei, independentemente de qualquer demanda perante o Estado-Juiz.

No caso dos negócios indirectos que não configurem fraude à lei ou abuso de direito, sendo, portanto, lícitos, poderão ser desconsiderados quando restar comprovada a dissimulação do facto gerador ou dos elementos constitutivos da obrigação tributária.[244]

Ora, a liberdade negocial concretiza-se pelas fórmulas estabelecidas pelo Direito Civil. Tais fórmulas existem em função de finalidades que lhe são inerentes. Finalidades que se apóiam em causas reais, independentemente da natureza das mesmas. Quando a liberdade for exercida em função de finalidades negociais que a justifiquem, nada poderá objectar o Fisco. Não cabe ao Fisco pretender desqualificar actos ou negócios com o único sentido de atribuir uma maior carga tributária ao contribuinte. Mas cumpre ao Fisco averiguar a existência de causas reais (e não somente a supressão ou diminuição da carga tributária) subjacentes aos

---

[243] CC/2002: Art. 187. Também comete ato ilícito o titular de um direito que, ao exercê-lo, excede manifestamente os limites impostos pelo seu fim econômico ou social, pela boa-fé ou pelos bons costumes.

[244] No mesmo sentido: MARCO AURÉLIO GRECO (2004:417).

actos ou negócios jurídicos practicados e, não as encontrando, requalificá-los de acordo com o perfil objectivo da descrição normativa correspondente.[245]

No caso da simulação, remanesce a aplicação do art. 149, VII, do Código Tributário, podendo a autoridade administrativa efectuar ou rever de ofício, independentemente de qualquer procedimento, o lançamento relativo aos factos geradores subjacentes aos actos ou negócios simulados.

Esta, ao que parece, consubstancia razoável tentativa de harmonização dos preceitos tributários e civis, preservando a finalidade perseguida pelo parágrafo único do art. 116 do Código Tributário Nacional.

---

[245] Cf. MARCO AURÉLIO GRECO (2004:188-189). No mesmo sentido: REINALDO PIZOLIO (2004:170).

CAPÍTULO V
CONCLUSÃO

A discussão sobre a elisão tributária perante o ordenamento jurídico brasileiro sempre escondeu em seu bojo as discussões anteriormente travadas em torno da Teoria Pura do Direito, mais especificamente quanto às fronteiras relativas às esferas lógico-objetivante e teleológica do Direito, ou seja, entre a existência de um ordenamento jurídico regido pura e simplesmente por uma lógica objetivante e asséptica de pressupostos axiológicos ou, pelo contrário, guiado por uma finalidade e permeado de valores. Bem por isso, a análise da evolução da doutrina brasileira sobre elisão fiscal permite compreender a actual situação dogmática sobre o tema.

A primeira fase, situada antes do advento do Código Tributário Nacional (Lei n.º 5.172/66) e vivenciada num ambiente democrático, foi ricamente influenciada pela doutrina europeia da primeira metade do século XX, motivo pelo qual se entendia possível investigar a finalidade das leis tributárias a partir de uma interpretação jurídica conjugada a uma consideração económica do facto gerador do tributo. Mesmo a jurisprudência refugava a possibilidade de o contribuinte furtar-se ao pagamento dos tributos mediante fraude à lei.

Na segunda fase, iniciada com a vigência do Código Tributário Nacional e encerrada com a promulgação da Constituição Federal de 1988, período em boa parte dominado pela ditadura militar, percebe-se que a doutrina aferrou-se à defesa das liberdades. Como consequência, em matéria tributária, consagrou a liberdade absoluta do contribuinte em gerenciar seus negócios jurídicos no sentido de buscar licitamente a menor carga tributária possível. Os actos ou negócios jurídicos não poderiam ser simulados e deveriam ser praticados antes da ocorrência do facto gerador do tributo. O tributo era visto como uma agressão ao património individual e o valor "património" alcançava o mesmo grau de prestígio do valor "liberdade", razão pelo qual o Direito Tributário encerrava muitos dos princípios e restrições pertinentes ao Direito Penal, como a estrita legalidade, a tipicidade e a proibição da analogia. Neste contexto, qualquer forma diferente de interpretação foi proscrita dogmaticamente..

A Constituição Federal de 1988, inaugurando a terceira fase da evolução da doutrina sobre a elisão fiscal, trouxe em seu bojo novos valores, como a solidariedade social na manutenção do Estado. Além disso, relegou a legalidade tributária à condição de limitação ao poder de tributar. Ao mesmo tempo, realçou a importância do princípio da capacidade contributiva e indicou meios de concretizá-lo quando da aplicação da lei pela administração. Com efeito, no §1.º do art. 145, com força de princípio geral da tributação, consta a obrigatoriedade de, sempre que for possível, serem instituídos impostos com caráter pessoal, graduados segundo a capacidade econômica do contribuinte, devendo a "administração tributária, especialmente para conferir efetividade a esses objetivos, identificar, respeitados os direitos individuais e nos termos da lei, o patrimônio, os rendimentos e as atividades econômicas do contribuinte." A doutrina, no entanto, solenemente ignorou as mutações constitucionais e, como raras excepções, permaneceu fiel e prostrada diante dos dogmas da legalidade tributária e liberdade negocial absoluta.

Com a edição da Lei Complementar n.º 104/2001, objectivamente tencionou o legislador instituir no cenário jurídico uma cláusula antielisiva. O dispositivo ensejou o surgimento de vertentes doutrinárias sobre sua eficácia e alcance. Em síntese, sustentou-se:

(i) a inconstitucionalidade do parágrafo único do art. 116, por afronta ao princípio da legalidade e, em consequência, ao princípio da tipicidade;
(ii) não ter havido qualquer aplicação prática, nada tendo inovado no ordenamento jurídico;
(iii) ter sido consagrada normativamente a figura da fraude à lei em matéria tributária;
(iv) que o dispositivo trata de situações diversas da fraude à lei e abuso de direito, podendo, eventualmente, abrangê-las.

Verifica-se que a doutrina brasileira, após um longo interlúdio, recomeçou a analisar a questão da elisão fiscal, libertando-se de dogmas esclerosados que impediram a evolução dogmática do tema, bem como fecharam as portas para a consideração jurídica de diversos valores constitucionais.

Não obstante, devidamente analisadas e criticadas as vertentes mencionadas, chegou-se a conclusão que a doutrina brasileira ainda não interpretou adequadamente a inovação legislativa. A rigor, o parágrafo único do art. 116 do Código Tributário, introduzido pela Lei Complementar n.º 104/2001, analisado à luz do novo Código Civil e sob o influxo do art. 145, §1.º, da Constituição Federal, exige a desconsideração dos actos ou negócios jurídicos dissimulados practicados (em fraude à lei, com abuso de direito, incluindo-se, eventualmente, o negócio indirecto), bastando que tais os actos ou negócios jurídicos estejam sendo utilizados para encobrir, lícita ou ilicitamente, a ocorrência do facto gerador do tributo ou os elementos constitutivos da obrigação tributária. Nesses casos, surge a obrigação de a autoridade administrativa desconsiderá-los, nos termos do procedimento estabelecido em lei, independentemente de qualquer demanda perante o Estado-Juiz.

REFERÊNCIAS BIBLIOGRÁFICAS

AMARAL, Gustavo da Silva. *Elisão Fiscal e Norma Geral Antielisiva.* Porto Alegre: IOB-Thomson, 2004.
AMARAL, Paulo Adyr Dias do. *Analogia em Direito Tributário – Interpretação Econômica e Norma Geral Antielisiva.* São Paulo: Editora Dialética, Revista Dialética de Direito Tributário n.º 80, maio de 2002, pp. 87-95.
AMARO, Luciano da Silva. *Direito Tributário.* São Paulo: Editora Saraiva, 11.ª edição, 2005.
—————— *Planejamento tributário (IR: limites de economia fiscal – Planejamento tributário).* São Paulo: Malheiros Editores, Revista de Direito Tributário n.º 71, 1995, pp. 45-53.
ANDRADE FILHO, Edmar de Oliveira. *Os Limites do Planejamento Tributário em Face da Lei Complementar n.º 104/2001.* São Paulo: Ed. Dialética, Revista Dialética de Direito Tributário, n.º 72, setembro de 2001, pp. 23/40.
APOCALYPSE, Sidney Saraiva. *A Regra Antielisiva. Apenas uma Dissimulada Intenção.* In: Planejamento Tributário e a Lei Complementar 104 (Coordenador: Valdir de Oliveira Rocha). São Paulo: Editora Dialética, 2002.
—————— *Negócio jurídico indireto – inexistência de simulação.* São Paulo: Malheiros Editores, Revista de Direito Tributário n.º 59, pp. 195-200.
ATALIBA, Geraldo; (obra coletiva). *Elementos de Direito Tributário.* São Paulo: Ed. Revista dos Tribunais, 1978.
BALEEIRO, Aliomar: *Clínica Fiscal.* Salvador: Livraria Progresso Editora, 1958.
—————— *Direito Tributário Brasileiro* (atualização de Misabel Abreu Machado Derzi). Rio de Janeiro: Editora Forense, 11.ª ed., 14.ª tiragem, 2003 (1.ª edição de 1970).
BARRETO, Aires F.. *Liberdade de Contratar e Tributação.* São Paulo: Malheiros Editores, Revista de Direito Tributário n.º 44, ano 12, abril/junho de 1988, pp. 88-92.
BATISTA JÚNIOR, Onofre Alves. *A Lei Complementar 104 e a nova cláusula de combate aos begócios elisivos atentatórios.* Brasília: Revista do Tribunal Regional Federal da 1.ª Região, setembro de 2002 (a), pp.20/40.
—————— *O Planejamento Fiscal e a Interpretação no Direito Tributário.* Belo Horizonte: Livraria Mandamentos Editora, 2002 (b).

BRANDÃO, Antônio José. *A Interpretação das Leis Fiscais*. São Paulo: Ed. Fundação Getúlo Vargas, Revista de Direito Administrativo, vol. 33, julho--setembro – 1953, 67-83.

BECKER, Alfredo Augusto. *Carnaval Tributário*. São Paulo: LEJUS – Livraria e Editora Jurídica Senador, 2.ª edição, 2004.

─────── *Teoria Geral do Direito Tributário*. São Paulo: Ed. Saraiva, 1963.

BIANCO, João Francisco. *Norma Geral Antielisão – Aspectos Relevantes*. In: Planejamento Tributário e a Lei Complementar 104 (Coordenador: Valdir de Oliveira Rocha). São Paulo: Editora Dialética, 2002.

BRITO, Edvaldo. *Interpretação Econômica da Norma Tributária e o Planejamento Fiscal*. In: Planejamento Tributário e a Lei Complementar 104 (Coordenador: Valdir de Oliveira Rocha). São Paulo: Editora Dialética, 2002.

CARRAZA, Roque Antonio. *Curso de Direito Constitucional Tributário*. São Paulo: Malheiros, 17.ª edição, 2002.

CARLOS, Américo Fernandes Brás. *Impostos – Teoria Geral*. Coimbra: Edições Almedina S.A., 2006.

CARVALHO, A.A. Contreiras de. *Doutrina e Aplicação do Direito Tributário*. São Paulo: Livraria Freitas Bastos S.A., 1969.

CARVALHO, Fábio Junqueira de; Murgel, Maria Inês. *Da Desconsideração de Atos ou Negócios Jurídicos pela Autoridade Administrativa*. In: Planejamento Tributário e a Lei Complementar 104 (Coordenador: Valdir de Oliveira Rocha). São Paulo: Editora Dialética, 2002.

CARVALHO NETO, Inácio. *Abuso do Direito*. Curitiba: Editora Juruá, 2006.

CARVALHO, Paulo de Barros. *Curso de Direito Tributário*. São Paulo: Editora Saraiva, 14.ª edição, 2002.

CASSONE, Vittorio. *Sigilo Bancário: Critério de Interpretação Constitucional*. Revista de Estudos Tributários, ano IX, n.º 55, maio-junho de 2007.

COÊLHO, Sacha Calmon Navarro. *Curso de Direito Tributário Brasileiro*. Rio de Janeiro: Forense, 6.ª edição, 2002.

COÊLHO, Sacha Calmon Navarro. *Os Limites Atuais do Planejamento Tributário*. In: Planejamento Tributário e a Lei Complementar 104 (Coordenador: Valdir de Oliveira Rocha). São Paulo: Editora Dialética, 2002.

CONTI, José Maurício. *Princípios Tributários da Capacidade Contributiva e da Progressividade*. São Paulo: Dialética, 1997.

COSTA, Regina Helena. *Princípio da Capacidade Contributiva*. São Paulo: Malheiros, 2.ª edição, 1996.

CORREIA, José Manuel Sérvulo. *Legalidade e autonomia contratual nos contratos administrativos*. Coimbra: Edições Almedina S.A., 1987.

DENARI, Zelmo. *A Interpretação econômica do nosso sistema tributário*. São Paulo: Malheiros Editores, Revista de Direito Tributário n.º 55, ano 15, janeiro/março de 1991, pp. 343-351.

DENARI, Zelmo. *Curso de Direito Tributário*. São Paulo: Atlas, 8.ª edição, 2002.

DERZI, Misabel Abreu Machado. *A Desconsideração dos Atos e Negócios Jurídicos Dissimulatórios, segundo a Lei Complementar n.º 104, de 10 de janeiro de 2001*. In: Planejamento Tributário e a Lei Complementar 104 (Coordenador: Valdir de Oliveira Rocha). São Paulo: Editora Dialética, 2002.

DIFINI, Luiz Felipe Silveira. *Manual de Direito Constitucional*. São Paulo: Editora Saraiva, 2003.

DÓRIA, Antônio Roberto Sampaio. *Evasão Fiscal Legítima: Conceito e Problemas*. Revista Ciência e Técnica Fiscal, n.º 143, novembro de 1970.

―――――― *Elisão e evasão fiscal*. São Paulo: Ed. Bushatsky, 1977.

ENGISCH, Karl. *Introdução ao pensamento jurídico*. Lisboa: Fundação Calouste Gulbenkian, 2004.

ESTRELLA, André Luiz de Carvalho. *Elisão. Evasão. Déficit fiscal. A norma antielisão e seus efeitos – artigo 116, parágrafo único, do CTN*. Rio de Janeiro: Ed. Renovar, Revista de Direito Administrativo, jul./set. 2001, pp; 195-216.

FALCÃO, Amílcar de Araújo. *Fato gerador da obrigação tributária*. Rio de Janeiro: Ed. Forense, 6.ª edição (sendo a 1.ª edição de 1964), 2002.

―――――― *Introdução ao Direito Tributário*. Rio de Janeiro: Ed. Forense, 3.ª edição (sendo a 1.ª edição de 1958), atualizada por Flávio Bauer Novelli, 1987.

FERRAGUT, Maria Rita. *Evasão Fiscal: o Parágrafo único do Artigo 116 do CTN e os Limites de sua Aplicação*. São Paulo: Ed. Dialética, Revista Dialética de Direito Tributário, n.º 67, abril de 2001, pp. 117/124.

FERREIRA, Adelmar. *Direito Fiscal – Aspectos Doutrinários e Práticos*. São Paulo: Edição Saraiva, 1961.

GAMA, João Taborda da. *Acto Elisivo, Acto Lesivo – Notas sobre a Admissibilidade de Combate à Elisão Fiscal*. Revista da Faculdade de Direito de Lisboa, 1999, pp. 289-316.

GASPARI, Elio. *As Ilusões Armadas – a Ditadura Envergonhada*. São Paulo: Companhia das Letras, 2002.

GENY, François. *O Particularismo do Direito Fiscal*. (traduzido por Guilherme Augusto dos Anjos do original, publicado em "Melanges R. Carré de Malberg, Sirey, Paris) São Paulo: Ed. Fundação Getúlo Vargas, Revista de Direito Administrativo, vol. 20, abril-junho de 1950, pp.06-31.

GODOI, Marciano Seabra de. *A Figura da "Fraude à Lei Tributária" Prevista no Art. 116, Parágrafo Único do CNT*. São Paulo: Ed. Dialética, Revista Dialética de Direito Tributário, n.º 68, maio de 2001, pp. 101/123.

―――――― *Questões Atuais do Direito Tributário na Jurisprudência do STF*. São Paulo: Ed. Dialética, 2006.

GRECO, Marco Aurélio. *Constitucionalidade do Parágrafo Único do Artigo 116 do CTN*. In: Planejamento Tributário e a Lei Complementar 104 (Coordenador: Valdir de Oliveira Rocha). São Paulo: Editora Dialética, 2002.

——————— *Planejamento Fiscal e Abuso de Direito*. Estudos sobre o Imposto de Renda. São Paulo: Editora Resenha Tributária, 1994.

——————— *Planejamento Tributário*. São Paulo: Editora Saraiva, 2004

GUTIERREZ, Miguel Delgado. *Elisão e Simulação Fiscal*. São Paulo: Ed. Dialética, Revista Dialética de Direito Tributário, n.º 66, março de 2001, pp. 88/94.

HENSEL, Albert. *Derecho Tributário*. Madrid: Marcial Pons, Ediciones Jurídicas y Sociales, S.A., 2005, tradução da 3.ª edição da obra Steurrecht, de 1933.

ICHIHARA, Yoshiaki. *Direito Tributário*, São Paulo: Atlas, 9.ª edição, 2000.

JARACH, Dino. *O Fato Imponível*. São Paulo: Editora Revista dos Tribunais, tradução de Dejalma de Campos, 1989.

LACOMBE, Américo Lourenço Masset. *Princípios Constitucionais Tributários*. São Paulo: Malheiros, 2.ª edição, 2000.

LATORRACA, Nilton. *Legislação Tributária: uma introdução ao planejamento tributário, um enfoque funcional*. São Paulo: Editora Atlas, 1975.

LINS, Miguel; LOUREIRO, Célio. *Teoria e Prática do Direito Tributário*. Rio de Janeiro: Editora Forense, 1.ª edição, 1961.

LUNA, Everardo da Cunha. *Abuso de Direito*. Rio de Janeiro: Editora Forense, 1.ª edição,1959.

MACHADO, Hugo de Brito.*Os Princípios Jurídicos da Tributação na Constituição de 1988*. São Paulo: Dialética, 4.ª edição, 2001.

MACHADO, Hugo de Brito. *Planejamento Tributário e Crime Fiscal na Atividade do Contabilista*. In: Planejamento Tributário (Coordenador: Marcelo Magalhães Peixoto). São Paulo: Editora Quartier Latin do Brasil, 2004.

MALERBI, Diva Prestes Marcondes. *Elisão Tributária*. São Paulo: Ed. Revista dos Tribunais, 1984.

MARTINS, Cláudio. *Normas Gerais de Direito Tributário*. Rio de Janeiro: Editora Forense, 2.ª edição, 1969.

MARTINS, Ives Gandra da Silva. *Considerações sobre a norma antielisão*. São Paulo: Editora Dialética, Revista Dialética de Direito Tributário, n.º 87, dezembro de 2002 (2002-a), pp. 92/95.

——————— *Norma Antielisão é Incompatível com o Sistema Constitucional Brasileiro*. In: Planejamento Tributário e a Lei Complementar 104 (Coordenador: Valdir de Oliveira Rocha). São Paulo: Editora Dialética, 2002 (2002-b).

——————— *Teoria da Imposição Tributária*. São Paulo: Editora LTr, 2.ª edição, 1998, p. 129.

MARTINS, Ives Gandra da Silva; Menezes, Paulo Lucena. *Elisão Fiscal*. São Paulo: Editora Revista dos Tribunais, Revista Tributária e de Finanças Públicas, ano 9, janeiro-fevereiro de 2001, pp.219-236.

MATOS, Francisco de Souza. *A Interpretação da Lei Tributária e a Analogia*. São Paulo: Ed. Fundação Getúlo Vargas, Revista de Direito Administrativo, vol. 21, julho-setembro – 1950, pp. 14-23.

MAXIMILIANO, Carlos. *Hermenêutica e Aplicação do Direito*. Rio de Janeiro: Editora Forense, 18.ª edição, 1999.
MELO, Daniela Victor de Souza. *Elisão e Evasão Fiscal – O Novo Parágrafo Único do Art. 116 do Código Tributário Nacional, com a Redação da Lei Complementar n.º 104/2001*. São Paulo: Ed. Dialética, Revista Dialética de Direito Tributário, n.º 69, junho de 2001, pp. 47/68.
MELO, José Eduardo Soares de. *Curso de Direito Tributário*. São Paulo: Ed. Dialética, 2.ª edição, 2001.
MELO, José Eduardo Soares de. *Planejamento Tributário e a Lei Complementar 104*. In: Planejamento Tributário e a Lei Complementar 104 (Coordenador: Valdir de Oliveira Rocha). São Paulo: Editora Dialética, 2002.
MENDONÇA, Maria Luíza Vianna Pessoa de. *O abuso do direito no direito tributário brasileiro*. São Paulo: Malheiros Editores, Revista de Direito Tributário n.º 73, 1995, pp. 132-154.
MINHOTO JÚNIOR, Alcebíades da Silva. *Limites Típicos na Ação Administrativa em Matéria Tributária*. São Paulo: Editora Resenha Tributária, 1977.
MOTA FILHO, Humberto Eustáquio César. *Introdução ao Princípio da Capacidade Contributiva*. Rio de Janeiro: Forense, 2006.
NABAIS, José Casalta. *Direito Fiscal*. Coimbra: Edições Almedina S.A., 2005, 2.ª edição.
NOBRE JÚNIOR, Edilson Pereira. *Princípio Constitucional da Capacidade Contributiva*. Porto Alegre: Sérgio Antônio Fabris Editor, 2001.
NOGUEIRA, Liz Coli Cabral. *A Consideração Econômica no Direito Tributário*. In Estudos Tributários (Direção e Colaboração de Ruy Barbosa Nogueira), São Paulo: Editora Resenha Tributária, 1974.
NOGUEIRA, Roberto Wagner Lima. *Limites Éticos e Jurídicos ao Planejamento Tributário*. In: Planejamento Tributário (Coordenador: Marcelo Magalhães Peixoto). São Paulo: Editora Quartier Latin do Brasil, 2004.
NOGUEIRA, Ruy Barbosa. *Direito Tributário Comparado*. São Paulo: Edição Saraiva, 1971.
————— *O Princípio da Legalidade ou da Reserva da Lei na Tributação*. Justitia: publicação do Ministério Público de São Paulo, 4.º Trimestre de 1964, n.º 47.
NABAIS, José Casalta. *Contratos Fiscais (Reflexões acerca da sua admissibilidade)*. Coimbra: Coimbra Editora, 1994.
OLIVEIRA, Fernando A. Albino de. *A chamada interpretação econômica no direito tributário – posição da doutrina e do Código Tributário Nacional*. Revista de Direito Público, n.º 18, 1971.
OLIVEIRA, Ricardo Mariz de. *A Elisão Fiscal ante a Lei Complementar n.º 104*. In: Planejamento Tributário e a Lei Complementar 104 (Coordenador: Valdir de Oliveira Rocha). São Paulo: Editora Dialética, 2002 (a).

——————— Reinterpretando a Norma Antievasão do Parágrafo Único do Art. 116 do Código Tributário Nacional. São Paulo: Editora Dialética, Revista Dialética de Direito Tributário n.º 76, janeiro de 2002 (b), pp. 81/101.

OLIVEIRA, Yonne Dolacio de. A Tipicidade no Direito Tributário Brasileiro. São Paulo: Edição Saraiva, 1980.

PEREIRA, César A. Guimarães. Elisão Tributária e Função Administrativa. São Paulo: Ed. Dialética, 2001.

PINTO, Bilac. Isenção Fiscal – Fato Imponível ou Gerador do Imposto – Isenções Pessoais e Reais – Realidade Econômica contra Forma Jurídica – Evasão Fiscal. (Parecer). São Paulo: Ed. Fundação Getúlio Vargas, Revista de Direito Administrativo, vol. 21, julho-setembro de 1950, pp. 357-373.

PIZOLIO, Reinaldo. Norma Geral Antielisão e Possibilidades de Aplicação. In: Planejamento Tributário (Coordenador: Marcelo Magalhães Peixoto). São Paulo: Editora Quartier Latin do Brasil, 2004.

PONTES DE MIRANDA, Francisco Cavalcante. Parecer, inédito, dado à Orquima S/A, em 1950, distribuído como material didático aos alunos do II Curso (PUC – Serviço de extensão cultural).

PRADE, André Porto. Da Norma Geral Antielisiva e suas inconstitucionalidades (MP n.º 66/2002). São Paulo: Editora Dialética, Revista Dialética de Direito Tributário, n.º 87, dezembro de 2002, pp. 14/22.

RIBEIRO, Ricardo Lodi. A Elisão Fiscal e a LC n.º 104/01. São Paulo: Editora Dialética, Revista Dialética de Direito Tributário, n.º 83, agosto de 2002, pp. 141/149.

——————— Justiça, Interpretação e Elisão Tributária. Rio de Janeiro: Editora Lumen Juris, 2003.

ROSEMBUJ, Tulio. El Fraude de Ley, La Simulación Y El Abuso de Las Formas en El Derecho Tributario. Madrid: Marcial Pons, 1999.

ROSIER, Camille. A Luta contra a Fraude Fiscal. São Paulo: Ed. Fundação Getúlo Vargas, Revista de Direito Administrativo, vol. 23, janeiro-março de 1951.

ROTHMANN, Gerd W.. O Princípio da Legalidade Tributária. Revista de Direito Mercantil, Industrial, Econômico e Financeiro, ano XI, n.º 8, 1972.

SÁ, Fernando Augusto Cunha de. Abuso do Direito. Coimbra: Edições Almedina S.A., 2005.

SANCHES, J.L. Saldanha. A Interpretação da Lei fiscal e o Abuso de Direito. Revista Fisco, Editora Lex, n.º 74/75, janeiro/fevereiro de 1996, ano VIII, pp. 99-111.

——————— A Segurança Jurídica no Estado Social de Direito. Conceitos Indeterminados, analogia e retroactividade no direito tributário. CTF n.º 310-312, outubro-dezembro, 1984.

──────── *Abuso de Direito e Abusos da Jurisprudência*. Fiscalidade – Revista de Direito e Gestão Fiscal – Edição do Instituto Superior de Gestão. Coimbra Editora, outubro de 2000, pp.53-65.
──────── *Manual de Direito Fiscal*. Coimbra: Coimbra Editora, 2002.
──────── *Os Limites do Planeamento Fiscal*. Coimbra: Coimbra Editora, 2006.
SILVEIRA, Alípio. *Hermenêutica no Direito Brasileiro*. São Paulo: Editora Revista dos Tribunais, 1.º volume, 1968.
SMITH, Adam. *Riqueza das Nações – vol. II* (tradução do original inglês intitulado "An *Inquiry Into the Nature and Causes of The Wealth of Nations*"). Lisboa: Fundação Calouste Gulbenkian, 3.ª edição, 1999.
SOUSA, Rubens Gomes de. *Compêndio de Legislação Tributária*. São Paulo: Edições Financeiras S.A., 2.ª edição, 1954.
──────── (obra coletiva). *Interpretação no Direito Tributário*. São Paulo: Edição Saraiva, 1975.
──────── *Pareceres – 3 – Imposto de Renda*. São Paulo: Ed. Resenha Tributária, 1976.
TÔRRES, Heleno Taveira. *Limites do Planejamento Tributário e a Norma Brasileira Anti-Simulação (LC 104/01)*. In: Grandes Questões Atuais do Direito Tributário (Coordenador: Valdir de Oliveira Rocha). São Paulo: Ed. Dialética, 2001.
TORRES, Ricardo Lobo. *A Chamada "Interpretação Econômica do Direito Tributário", a Lei Complementar 104 e os Limites Atuais do Planejamento Tributário*. In: Planejamento Tributário e a Lei Complementar 104 (Coordenador: Valdir de Oliveira Rocha). São Paulo: Editora Dialética, 2002.
──────── *Normas de Intepretação e Integração no Direito Tributário*. Rio de Janeiro: Editora Renovar, 2006.
──────── *Normas Gerais Antielisivas*. Salvador: REDAE – Revista Eletrônica de Direito Administrativo Econômico, n.º 4, novembro/dezembro de 2005 e janeiro de 2006. Artigo capturado, em 15.09.2006, do seguinte endereço eletrónico: http://www.direitodoestado.com.br
TROIANELLI, Gabriel Lacerda. *O Parágrafo Único do Artigo 116 do Código Tributário Nacional como Limitador do Poder da Administração*. In: Planejamento Tributário e a Lei Complementar 104 (Coordenador: Valdir de Oliveira Rocha). São Paulo: Editora Dialética, 2002.
TROTABAS, Luís. *A Interpretação das Leis Fiscais*. (Tradução feita por Paulo da Mata Machado do *Recueil d'Etudes sur les Sources du droit en l'honneur de François Geny,* tome III, *Les sources des diverses branches du droit,* Librarie du Recueil Sirey, Paris, 1934, pp. 101-108) – São Paulo: Ed. Fundação Getúlo Vargas, Revista de Direito Administrativo, vol. I – fasc.I, janeiro de 1945, pp. 38-47.

ULHÔA CANTO, Gilberto de. *Elisão e Evasão Fiscal.* Caderno de Pesquisas Tribtárias n.°13. São Paulo: Ed. Resenha Tributária, 1988.

——————— *Evasão e elisão fiscais – um tema atual.* São Paulo: Malheiros Editores, Revista de Direito Tributário n.° 63, pp. 187-193.

XAVIER, Alberto. *O negócio indirecto em Direito Fiscal.* Lisboa: Ed. Petrony, 1971.

——————— *Os princípios da legalidade e da tipicidade da tributação.* São Paulo: Ed. Revista dos Tribunais, 1978.

——————— *A evasão fiscal legítima – o negócio indireto em direito fiscal.* Revista de Direito Público, n.° 23. São Paulo: Ed. Revista dos Tribunais.

——————— *Liberdade fiscal, simulação e fraude no direito tributário brasileiro.* Revista de Direito Tributário, ano IV, janeiro/junho de 1980, n.° 11-12, pp. 284-313.

ZILVETI, Fernando Aurelio. *Princípios de Direito Tributário e Capacidade Contributiva.* São Paulo: Quartier Latin, 2004.

ZYLBERT, Fábio. *O parágrafo único do art. 116 do CTN à luz dos conceitos de elisão e evasão fiscal.* São Paulo: Editora Revista dos Tribunais, Revistal Tributária e de Finanças Públicas n.° 43, ano 10, março-abril de 2002, pp. 34/39.

ÍNDICE

APRESENTAÇÃO	9
PREFÁCIO	13
INTRODUÇÃO	17
CAPÍTULO I – 1.ª FASE: O PERÍODO ANTERIOR À LEI N.º 5.172/66	21
I.1. Contexto histórico-normativo	21
I.2. Primeiras construções doutrinárias	24
I.3. Doutrina da interpretação econômica	27
I.4. Anteprojeto de Código Tributário Nacional	36
I.5. Orientação jurisprudencial	39
I.6. Argumentos contrários à interpretação económica	42
CAPÍTULO II – 2.ª FASE: O ADVENTO DA LEI N.º 5.172/66 E OS REFLEXOS DOUTRINÁRIOS	49
II.1. Contexto histórico-normativo	49
II.2. Início dogmático	53
II.3. Tipicicidade tributária e liberdade das formas jurídicas	56
II.4. Limites da liberdade fiscal	60
II.5. Tipos estruturais e funcionais	64
II.6. A Posição doutrinária minoritária	67
CAPÍTULO III – 3.ª FASE: A CONSTITUIÇÃO FEDERAL DE 1988	71
III.1. Novas aspirações constitucionais	71
III.2. Ressurgimento da doutrina do abuso de direito	74
III.3. Ainda a defesa da tipicidade tributária e da liberdade das formas	77
III.4. Novas interpretações das disposições da Lei n.º 5.172/66	79
III.5. Lacuna doutrinária	82
CAPÍTULO IV – 4.ª FASE: A DOUTRINA SOBRE ELISÃO FISCAL APÓS O ADVENTO DA LEI COMPLEMENTAR N.º 104/2001	87
IV.1. O Advento da Lei Complementar n.º 104/2001	87
IV.2. Reacção dos defensores da tipicidade tributária	92
IV.3. Nulificação da inovação legislativa	94
IV.4. Abuso de direito e fraude à lei	98
IV.5. Solução alternativa	104
CAPÍTULO V – CONCLUSÃO	109
REFERÊNCIAS BIBLIOGRÁFICAS	113